ARBEITSÄMTER.

EINE

AUFGABE DES DEUTSCHEN REICHS.

AKADEMISCHE REDE.

VON

D[R.] GUSTAV SCHÖNBERG,

ORD. PROF. DER STAATSWISSENSCHAFTEN AN DER UNIVERSITÄT FREIBURG I. BR.

BERLIN, 1871.

VERLAG VON J. GUTTENTAG.

(D. COLLIN.)

Die folgenden Blätter sollen die allgemeine Aufmerksamkeit auf eine Frage lenken, die noch nicht Gegenstand der öffentlichen Discussion geworden, aber ihrer Natur nach eine hervorragende Stelle in derselben einzunehmen bestimmt ist.

Welche Politik hat das deutsche Reich in der sogenannten socialen Frage einzuschlagen?

Die richtige Beantwortung dieser Frage wird unter den grossen und schwierigen Aufgaben, die dem neubegründeten Reich erwachsen, eine der wichtigsten sein. Nicht unmöglich dass sie Anlass für die nothwendige Um- und Neubildung unserer politischen Partheien wird.

Die Antwort, welche sich mir ergeben, lege ich hiermit, wie ich sie vor einem kleineren Kreise in Erfüllung einer Amtspflicht öffentlich ausgesprochen habe, dem grossen Publicum vor.

Die Aufgaben, welche die deutsche Nation in der neu errungenen politischen Einheit zu erfüllen hat, erscheinen heute noch wesentlich in der Form allgemeiner Postulate. Zur Zeit ist weder ihre Formulirung im Einzelnen erfolgt noch der Weg ihrer Durchführung klar. Das kann nicht Wunder nehmen. Wie lange auch der nationale Staat ersehnt, ersungen und erstrebt wurde, schliesslich sind doch wir Alle, Optimisten wie Pessimisten, von dem wirklichen Gange der Ereignisse überrascht worden; und was heute Wirklichkeit ist, liess sich in der bestimmten, besondern Gestalt der Erscheinung selbst von dem einsichtsvollsten Politiker nicht im Voraus berechnen. Noch ist die Zeit des deutschen Reiches zu kurz, um von Denen, die mit Einrichtung des neuen Staats betraut sind, mehr, als sie bisher gethan, mit Recht verlangen zu können und das Volk bedurfte nach den ungeheuren Anstrengungen des Krieges, nach der fieberhaften Erregung, in der es sich bis in den Anfang dieses Jahres befand, einige Zeit der Ruhe und Erholung, ehe es mit Kraft und Energie der neuen Aufgabe und Arbeit sich selbstständig zuwenden konnte. Aber wie unklar auch und ungeplant im Einzelnen die Reichsaufgabe noch dasteht, in Bezug auf sie lassen sich heute schon allgemeine Empfindungen und Anschauungen als der einmüthige Wille der Nation fixiren.

Vor Allem fordern wir, dass die neue Arbeit eine Arbeit des Friedens, eine Arbeit friedlicher Cultur und Civilisation werde. Nicht zu kriegerischer Eroberungspolitik will Deutschland seine Einheit, Kraft und Macht verwenden. Nicht übermüthig ist es durch seine Siege und das Bewusstsein seiner Kraft geworden. So gewiss niemals das deutsche Volk zum Schwerte gegriffen hätte, um die alten Reichslande Elsass und Lothringen wieder zu erobern, so wenig denkt es heute daran, das Nationalitätsprincip dahin aufzufassen, dass es die deutschen Stämme ausserhalb des Reiches zum Eintritt in dasselbe zwingen müsse. In den stolzen und erhebenden Worten, mit denen der deutsche Kaiser zuerst das deutsche Volk anredete, haben vornämlich die Worte, in denen er seine Mission als des Trägers der neuen Staatsidee hinstellte: „Uns aber und unsern Nachfolgern in der Kaiserkrone wolle Gott verleihen allzeit Mehrer des deutschen Reichs zu sein, nicht zu kriegerischen Eroberungen, sondern in den Werken des Friedens, auf dem Gebiete nationaler Wohlfahrt, Freiheit und Gesittung“ in den Herzen Aller Deutschen vollen und ungetheilten Wiederhall gefunden. Und jede kaiserliche Thronrede, welche diese Mission von Neuem ausspricht, verkündet nur, was jeder Deutsche fühlt und denkt. In dieser Stimmung sahen wir vor Wochen nur mit banger Furcht auf die Ereignisse in Oesterreich, wo die bedenkliche Politik der Staatsregierung die Existenz der Oesterreichisch-Ungarischen Monarchie gefährdete und wir freuen uns heute aufrichtig, dass die Gefahr durch die jüngsten Entschliessungen des Kaisers Franz Joseph beseitigt scheint.

Was ohne Schwertstreich nicht errungen werden konnte, haben wir errungen. Wir wünschen und hoffen heute, dass der Janustempel auf Generationen hinaus geschlossen bleibe. Der deutsche Geist soll und will fortan auf der Basis einer gesunden Realpolitik, in seinem idealen Streben, in seiner Begeisterung für Menschenwürde und Menschenglück, mit sittlicher, durch das Bewusstsein seiner neuen Weltstellung unendlich potencirter Thatkraft um die Siegespalme ringen mit andern Völkern in der Pflege von Kunst und Wissenschaft und in der Errichtung eines Staatswesens, in welchem auf der Basis der Freiheit und der Rechtsgleichheit der Person nicht nur das Volk im Ganzen zu höhern Culturstufen aufsteige sondern auch alle einzelnen Glieder desselben in menschenwürdiger Existenz sich der Segnungen des Culturlebens und Culturfortschritts erfreuen. Der neue deutsche Staat soll der Welt durch die Art seines Wesens und seiner Entwickelung die Nothwendigkeit seiner Existenz für die glückliche Entwickelung der Menschheit erweisen.

Einer der grössten Denker und edelsten Patrioten Deutschlands, Johann Gottlieb Fichte, hat im Frühling 1813 in einem der letzten politischen Fragmente, die er vor seinem Tode niederschrieb, vorahnenden Geistes dem geeinten deutschen Volke seine grosse und erhabene Mission geweissagt. Er forderte für das deutsche Volk, das bisher die freie, cosmopolitisch mitempfindende individuelle Persönlichkeit ausgebildet, den einheitlichen Staat, nicht um irgend eine gesonderte Volkseigenthümlichkeit zur Geltung zu bringen, sondern um den Bürger der Freiheit zu verwirklichen. „Dieses Postulat“ so schreibt er wörtlich, „von einer Reichseinheit eines innerlich und organisch durchaus verschmolzenen Staates darzustellen, sind die Deutschen berufen und dazu da im ewigen Weltplane. In ihnen soll das Reich ausgehen von der ausgebildeten persönlichen Freiheit, nicht umgekehrt: — von der Persönlichkeit, gebildet fürs erste vor allem Staate vorher, gebildet sodann in den Einzelnen Staaten, in die sie dermalen zerfallen sind und welche als blosses Mittel zum höhern Zwecke sodann wegfallen müssen. — Und so wird von ihnen aus erst dargestellt werden ein wahrhaftes Reich des Rechts, wie es noch nie in der Welt erschienen ist, in aller der Begeisterung für Freiheit des Bürgers, die wir in der alten Welt erblicken, ohne Aufopferung der Mehrzahl der Menschen als Sclaven, ohne welche die alten Staaten nicht bestehen konnten: für Freiheit, gegründet auf Gleichheit alles dessen, was Menschengesicht trägt. Nur von den Deutschen, die seit Jahrtausenden für diesen grossen Zweck da sind, und ihm langsam entgegenreifen; — ein anderes Moment für diese Entwickelung ist in der Menschheit nicht da." (Fichte's Werke Ges. Ausgabe von 1846. Band VII S. 573.)

Was dieser grosse Todte prophezeite, wollen wir heute in der Reichseinheit erstreben. Wir erkennen als unsere Aufgabe in deutschem Geist und Sinn den Rechts- und Culturstaat zu gründen. Die Verwirklichung dieses Postulats erzeugt eine Fluth der schwierigsten Probleme und für den Einzelnen, für die Gesellschaft, für das Reich eine Fülle von Pflichten und Aufgaben, unter denen für das Reich durch ihre Schwierigkeit, Tragweite und Dringlichkeit in erster Reihe drei hervorragen: Bekämpfung des culturfeindlichen Römischen Jesuitismus, Decentralisirung der Staatsverwaltung und Mithilfe des Reichs an der Lösung der Europa bedrohenden sogenannten socialen Frage.

Die beiden ersten Probleme und die durch sie bedingten Reichsaufgaben sollen nur kurz berührt werden.

Unserm Jahrhundert, dem Jahrhundert des beispiellosen Fortschritts auf dem Gebiet des Wissens und der Erkenntniss, dem Jahrhundert des Unterganges des Absolutismus im Staatswesen der Culturvölker, war ein seltsames Schauspiel vorbehalten: in grellem Gegensatz zu jenen Erfolgen wurde in der Katholischen Kirche die Unfehlbarkeit eines Menschen als gesetzliches Dogma hingestellt und in der Katholischen Hierarchie das langgehegte Bestreben der Jesuiten, den Absolutismus des höchsten Kirchenfürsten zum Grundgesetz der Kirche zu machen, endlich erfüllt. Indem die Concils-Minorität der katholischen Bischöfe sich den verhängnissvollen Beschlüssen des Concils unterwarf, hat sie sich freiwillig ihres Adels begeben und sich zugleich das traurigste Armuthszeugniss für das Verständniss ihrer wahren Aufgabe und ihrer Zeit ausgestellt. Man könnte meinen, diese neuste wie immer auch beklagenswerthe Phase der katholischen Kirchengeschichte sei eine rein interne Sache der Kirche und berühre weder die Protestanten noch die Staatsregierungen; indess der gesetzliche und thatsächliche Einfluss der Geistlichkeit auf die Eheschliessung, auf die Ausbildung der künftigen Generation, auf das Familienleben und auf die gesammte geistige und moralische Entwickelung ihrer Gemeinde geben den Beschlüssen des Concils und der Anerkennung derselben durch die Kirchenfürsten eine Bedeutung, die weit über den Kreis der katholischen Kirche und das Interesse der katholischen Bevölkerung hinausragt. Sie machen diese Entwickelung zu einer Sache der Völker und der Staatspolitik. Auch die Protestanten, auch die Staatsregierungen dürfen in dieser wichtigen Culturfrage nicht passiv bleiben. Es ist ein unbestreitbares Recht des Staats, als der höchsten politischen Organisation des Volks, vermöge seiner sittlichen Idee überall da mit seinem Gebot und seinen Machtmitteln einzuschreiten, wo individuelle unsittliche Bestrebungen das Staatsinteresse, d. i. heute die Entwickelung des Rechts- und Culturstaats gefährden. Die Religion soll ein wichtiges und wesentliches Mittel zur Hebung der Moral, zur Förderung der allgemeinen Bildung, zur Stärkung der sittlichen Thatkraft, sie soll damit auch indirect ein Mittel zur Pflege und Besserung der individuellen und allgemeinen irdischen Wohlfahrt sein. Wenn aber die Lehrer einer religiösen Parthei, diese ihre wahre Aufgabe und Culturmission verkennend, ihre gesetzliche Stellung und ihre thatsächliche Macht über die Gemüther benutzen, um ihren egoistischen Interessen zu dienen, um neue Herrschaftsverhältnisse von Personen über Personen zu begründen, um Lehren zu verbreiten, welche den öffentlichen und den Familienfrieden stören und die allgemeine, gedeihliche Entwickelung hemmen und gefährden, dann ist es Zeit und Pflicht für den Staat, ihnen wie jedem andern Feinde des gemeinen Wesens entgegenzutreten. Die Staatsgefährlichkeit der Concilsbeschlüsse und der Bestrebungen der Hierarchie zur Durchführung derselben ist unzweifelhaft. Unbedingt geboten ist es daher, der Geistlichkeit den gesetzlichen Einfluss auf die Eheschliessung und die Schule zu nehmen und diese Institutionen, die für den Staat in erster Reihe Staatsinstitutionen sind, als solche hinzustellen. Unter Umständen wird der Staat dabei nicht stehen bleiben können; doch hängt die Entscheidung der Frage, wie weit er die Freiheit der Lehre, die Ausnutzung der thatsächlichen Macht beschränken, wie fern er eventuell über die Verwendung des Kirchenvermögens verfügen soll, von dem Masse der Staatsgefährlichkeit der reactionären oder wenn man will revolutionären Bestrebungen ab. Keinenfalls kann in dem modernen Staate eine Kirchengenossenschaft irgend welcher Art ein andres Recht für sich in Anspruch nehmen als die übrigen Genossenschaften. Freiheit der Kirche besagt nicht, dass die Kirche exemt von den Staatsgesetzen thun und lassen könne, was sie will. Ueber der Kirche, als einem der Organe des öffentlichen Lebens, steht der Staat und die Freiheit der Kirche im Staat darf nur dahin verstanden werden, dass die kirchlichen Organe das Recht der freien Willensäusserung haben, sofern sie dadurch nicht das gleiche Recht der Staatsbürger, das Gesammtinteresse und das Ziel des Staats schädigen; Freiheit der Kirche soll m. a. W. nicht absolute Willkür sondern sittliche Freiheit sein.

In dem Kampfe, den die katholische Hierarchie dem Menschengeiste aufgedrungen, und der heute wie im 16. Jahrhundert zuerst in Deutschland entbrannt ist, kann die Reichsregierung nicht müssiger Zuschauer bleiben. Ihre Theilnahme an demselben in Abwehr der Neuerung ist unabweisbare Pflicht. Denn die Frage ist eine Frage des deutschen Volks und der deutschen Wohlfahrt, die drohende Gefahr eine Gefahr für das Reich. Ist es auch in erster Reihe Recht und Pflicht der einzelnen Staatsregierungen, ihr Staatsinteresse zu wahren, so bedarf es doch in diesem schwierigen Kriege der gemeinsamen Operation und für diese wird die Reichsregierung in irgend einer Form den Oberbefehl übernehmen müssen. Sie wird auch da, wo die Kraft einer Einzelregierung nicht hinreicht, diese zu unterstützen haben. Auch gegen diesen Erbfeind muss Deutschland als geeinte, einheitliche Macht dastehen. Es ist eine eigenthümliche Wendung unserer Geschichte, dass das neue deutsche Kaiserreich sofort in seinem Entstehen wieder zum Kampfe mit Rom gezwungen wird, aber ihm bleibt keine Wahl; es muss seine Culturmission erfüllen. Deutschland ist in Europa der einzige Staat, welcher den Kampf mit Rom des Sieges sicher aufzunehmen vermag; im Interesse der allgemein menschlichen Culturentwickelung ist es deshalb verpflichtet, ihn aufzunehmen und siegreich zu beenden. Der deutsche Geist hat im 16. Jahrhundert über Rom gesiegt, er wird auch im 19. Jahrhundert über den Jesuitismus triumphiren.

Friedlicher wird sich die Lösung einer andern grossen Aufgabe des Reichs, die Decentralisirung der Staatsverwaltung vollziehen. Denn alle Partheien erkennen die Nothwendigkeit derselben an und mit dieser Erkenntniss ist bereits der erste wichtigste Schritt zur Lösung der Frage gethan. In ihr herrscht kein die Lösung erschwerender Gegensatz persönlicher Interessen. Das Problem selbst ist von der höchsten Bedeutung. Denn ohne Decentralisirung der Staatsverwaltung ist der deutsche Einheitsstaat, den wir erstreben, nicht das mächtige Förderungsmittel für die freie Entfaltung des zu neuem Leben erwachten deutschen Volksgeistes, sondern eine Gefahr für die folgerechte Culturentwickelung unsres Volks. Ohne sie fehlt uns eine wesentliche Vorbedingung für die Realisirung des modernen Rechts- und Culturstaats — die freiwillige, selbstständige, thatkräftige Theilnahme Aller am öffentlichen Leben, an der Pflege der öffentlichen, gemeinsamen und allgemeinen Interessen. Diese Theilnahme ist nur möglich bei einem freien, selbstständigen, inhaltvollen und kräftigen Gemeinde-Kreis-und Provincialleben, bei einer freien und selbstständigen Gemeinde-Kreis- und Provincialverfassung und -verwaltung.

In dem centralisirten Einheitsstaate eines grossen Volks treten selbst, wenn er auf breiter democratischer Grundlage ruht, die Fragen des öffentlichen Lebens und der gemeinsamen und allgemeinen Interessen dem Einzelnen nur als die schwierigen und verwickelten Fragen eines ganzen Volks resp. der Staatsadministration entgegen; sie können deshalb nur von einem kleinen, politisch hochgebildeten Theil des Volks verstanden werden; in weiterer nothwendiger Folge betheiligt sich an ihrer Lösung nur ein verschwindend kleiner Bruchtheil der Nation. Die grosse Masse verliert mit dem Verständniss auch das Interesse am öffentlichen Leben, in ihr schwindet der Gemeinsinn, diese wesentliche Vorbedingung wahrer Bürgertugend; breiter und breiter wuchert der nur noch individuellen und materiellen Interessen fröhnende Egoismus, in allen öffentlichen Fragen aber wird die Masse von den Organen der Staatsregierung, von dem in solchem Staate stets mächtigen Klerus und von der berauschenden Phrase der Demagogie sclavisch beherrscht.

Anders in dem decentralisirten Staate. Hier kommen die gemeinsamen und allgemeinen Interessen in einer reichen Fülle von selbständigen Aufgaben der Gemeinde-Kreis-Provincial- und Staatsverwaltung und in einer unendlichen Mannichfaltigkeit von den einfachsten auch dem Ungebildesten verständlichen bis zu den schwierigsten nur den Gebildetsten zugänglichen Problemen zur concreten Erscheinung. Hier überlässt die Staatsverwaltung den untern Organen, was nur irgend von diesen geleistet werden kann. In dem decentralisirten Staate können alle Classen und Schichten des Volkes je nach dem Masse ihrer Bildung, ihrer Neigung, ihrer persönlichen Gesammtlage sich an der Lösung dieser Aufgaben activ und dauernd mitbetheiligen, in ihm können deshalb alle Staatsbürger dazu berufen werden. Für die Gemeindeinteressen mindestens hat auch der politisch Ungebildetste ein Verständniss und an ihrer Pflege wird er sich betheiligen, wenn der Staat ihm das Recht einer selbstständigen Mitwirkung einräumt und Schule, Haus und Gesellschaft ihm dies Recht mehr und mehr zu einer politischen und sittlichen Pflicht machen. In dem decentralisirten Staatswesen erscheinen Gemeinden, Kreise, Provincen, was sie ihrem Wesen nach sein sollen, in einer Stufenfolge als selbständige sittliche Zwangsgenossenschaften, mit selbständigen Functionen und besonderen sittlichen Aufgaben, als selbständig functionirende Organe des Volkskörpers, welche in ihrer Wirksamkeit und Entwickelung nur beschränkt sind durch ihre eigene sittliche Idee, über deren thatkräftige Verwirklichung das höhere Organ und in letzter Instanz der Staat vermöge seiner eignen sittlichen Idee zu wachen hat. In einem solchen Staate kann und wird sich der stolze, selbstbewusste Bürgersinn und eine edle Bürgertugend entfalten, in einem solchen Staate ist ein Volk sicher, dass nicht der Egoismus und Materialismus die Wurzeln seines Seins und seiner Entwickelung untergraben.

An der deshalb nothwendigen Herstellung eines Staatswesens mit durchgeführter Decentralisirung der Staatsverwaltung sind auch die Universitäten unmittelbar interessirt. Denn in dem decentralisirten Staatswesen müssen die Universitäten aus reinen Staatsinstituten zu Provincialinstituten werden, über die dem Staate nur das Oberaufsichtsrecht verbleibt. Die Centralisirung des Universitätswesens ist, wie Preussen, wo schon 9 Universitäten in der Hand eines Ministers sind, zeigt, höchst bedenklich. Auch für die Pflege der Wissenschaft und freien Forschung muss im Interesse derselben der Wetteifer der Provincen entflammt werden. Was aus solchem Wetteifer entsteht, erblicken wir, seitdem das Königreich Sachsen zu einer Provinz des Norddeutschen Bundes wurde, an der Universität Leipzig; in den wenigen Jahren hat sich diese Universität aus einer mittleren vielleicht schon zur ersten, mindestens aber zu einer Berlin gleichstehenden Hochschule emporgeschwungen. Und nach Allem, was über die Organisation der neuen Elsässischen Universität Strassburg verlautet, steht uns hier die Begründung einer Universität in einem Umfange bevor, wie sie von dem Preussischen Ministerium auch nicht entfernt ins Leben gerufen wäre.

Die Frage der Decentralisirung der Staatsverwaltung in Deutschland ist vorzugsweise eine Preussische Frage. In den Reichslanden ausser Preussen haben wir noch, als eine Folge der bisherigen staatlichen Selbständigkeit, ein hohes Provincialbewusstsein, ein stark lebendiges Provincialinteresse und eine selbstständige, umfangreiche Provincialverwaltung, die sogar für Baiern bsplsw. nach der Reichsverfassung der Reichsgewalt gegenüber noch zu gross ist; in ihnen haben wir, wie z. B. in unserm eignen Lande, in Baden, eine sehr freie Gemeindeverfassung und -verwaltung. In Preussen aber existirt eine selbständige Gemeindeverfassung und -verwaltung im Grunde nur für die Städte; die ländlichen Gemeinden und Kreise entbehren derselben noch so gut wie ganz und von einer selbstständigen Provincialverwaltung, als des wesentlichen Zwischengliedes der Innern Verwaltung, kann eigentlich gar keine Rede sein. Denn die Provinciallandtage sind doch kaum als Organe des öffentlichen Lebens und der Selbstverwaltung anzusehen, die Provincialbehörden aber sind mit geringen Ausnahmen nur Staatsbehörden. Für Preussen bedeutet die Frage der Decentralisirung der Staatsverwaltung die Herstellung einer neuen selbständigen Provincial- und Kreisverwaltung, die Herstellung einer freieren städtischen Verfassung, bedeutet dieselbe also die völlige Reform des Gemeinde- und Provincialwesens. Alle Partheien Preussens wollen diese Reform und die allerdings noch ziemlich experimentellen Anfänge einer solchen sehen wir bereits in den 1866 neu erworbenen Provincen.

Die Frage ist aber auch eine Frage des Reichs. Nicht nur, weil das Reich, nach der Verfassungsurkunde begründet „zur Pflege der Wohlfahrt des deutschen Volks“, an diesem wichtigen Problem ein unmittelbares Interesse hat und der Reichstag, als der erste und höchste Träger der Volksstimme dasselbe in den Kreis seiner Berathungen und Discussionen ziehen muss; das Reich selbst kann gar nicht umhin, auch practisch in die Entwickelung einzugreifen. Es wird unter Umständen gezwungen sein, widerstrebende Reichsglieder an die Erfüllung ihrer Pflichten zu mahnen; vor allem muss es durch seine eigne naturgemässe Entwickelung, dadurch, dass es in höherm Grade als heute zum Einheitsstaate sich gestaltet und die heute noch selbständigen Staaten mehrzu Reichsprovinzen werden, unmittelbar practisch in die Frage hineingeführt werden. Das Reich kann seine eigne Aufgabe und Entwickelung nicht vollziehen, ohne an der definitiven Lösung jener Frage in einer oder der anderen Richtung mitzuwirken. Die allgemeine Erkenntniss der Gefahr, welche dle Centralisirung der Pflege der öffentlichen Interessen in sich birgt, und die einmüthige Stimmung aller Partheien unsers Volks geben die sichere Gewähr, dass wir nicht dem Vorbilde des unglücklichen Frankreich folgen und in dem nationalen Staat dem centralisirten Einheitsstaate zusteuern. Unsere zahlreichen Gegner im Auslande aber, welche sich den deutschen Einheitsstaat nur als militairisch-polizeilichen centralisirten Staat denken, welche deshalb in der Erstehung des Reichs den Untergang deutschen Wesens und deutschen Geistes sehen und in den grossen Ereignissen des letzten Jahres den Anfang des Endes deutscher Cultur weissagen, zeigen nur, wie wenig sie das deutsche Volk und seine grosse Zeit verstehen.

Viel directer wird das Reich an der Lösung der sog. socialen Frage sich practisch betheiligen müssen; viel positiver und einfacher erscheint mir hier seine Aufgabe.

Practische Betheiligung des Reichs an der Lösung des socialen Problems ist Staatsaction in wirthschaftlichen Dingen. Für die Wirthschaftspolitik des Staats im Allgemeinen ist heute auch in der Theorie der von der Praxis nie acceptirte Standpunkt überwunden, dass der Staat gegenüber seiner Volkswirthschaft dem System des *laisser faire* und *laisser passer* zu huldigen und im Grunde für das Wirthschaftsleben nur die Sätze zu sanctioniren habe: Jeder kann thun und lassen, was er will, aber das Eigenthum und der Erwerb, wie ihn die völlig freie Concurrenz ergiebt, sind heilig. Heute gilt als Axiom, dass die Freiheit der Einzelnen im Wirthschaftsleben ebenso wenig wie im übrigen Volksleben eine absolute, dass sie auch hier nur die sittliche d. h. gebundene sein kann. Wohl ist für ein Culturvolk, wie das unsrige, die freie Bewegung der productiven Kräfte fundamentale Voraussetzung der höchsten Entwickelung der volkswirthschaftlichen Production. Aber die höchstmögliche Production ist weder das einzige, noch das Hauptziel der Volkswirthschaft. Und jene Freiheit findet ihre naturgemässe und nothwendige Grenze an dem Puncte, wo sie in Bezug auf die Erfüllung der humanen und ethischen Aufgabe der Volkswirthschaft in ihr Gegentheil umschlägt: wo sie neue persönliche Herrschaftsverhältnisse erzeugt oder schon vorhandene schärft, wo sie Missstände für ganze Classen der Gesellschaft hervorbringt, die weit ab von den Zielen des Culturstaats liegen und von der bedrängten oder der zu diesem Zweck sich frei organisirenden bürgerlichen Gesellschaft nicht beseitigt werden können. Diese Grenzlinien kann nur der Staat ziehen. Dass das Wesen des Menschen und die Natur des Wirthschaftslebens selbst auf den höchsten Culturstufen die Errichtung solcher Schranken — der sittlichen Schranken gegen den egoistischen, unsittlichen Einzelwillen — erfordern, unterliegt heute keinem berechtigten Zweifel: wir können, um den naturnothwendigen Gefahren der völlig freien Concurrenz zu begegnen, eine Staatshilfe in dieser Richtung nicht entbehren. Sie bleibt nicht die einzig gebotene! Auch positiv muss die active und directe Staatshilfe für die bessere und höhere Erreichung der Culturzwecke des wirthschaftlichen Lebens gefordert, der Staat — diese potencirte Kraft der organisirten Gesammtheit — auch für die Zwecke der Volkswirthschaft als ein wichtiges und wesentliches Culturorgan erkannt werden. Für die practische Wirthschaftspolitik muss als leitendes Princip festgehalten werden, dass es Recht und Pflicht des Culturstaats ist, als Gesammtkraft und Gesammtwille mit seiner Gesetzgebuug und Verwaltung überall da in die Gestaltungen des wirthschaftlichen Lebens einzugreifen, wo durch seine Mitwirkung die Zwecke der Volkswirthschaft in einem höhern Grade als durch die isolirten oder vereinigten Einzelnen erreicht werden können. Wird dies Princip befolgt, so findet jeder gut organisirte Staat und jeder Minister der Volkswirthschaft, ohne irgend wie berechtigte Freiheitssphären der Einzelnen oder gar wirthschaftliche Gesetze zu verletzen, der nothwendigen Arbeit genug. Die absolute oder doch sehr weit gehende Perhorrescirung der Staatsintervention und die vollständige Verkennung der Staatsfunctionen im Wirthschaftsleben, wie wir sie bei früheren Schulen unserer Wissenschaft und noch heute bei der Manchesterschule finden, erklärt sich aus einer rein abstracten Behandlung der wirthschaftlichen Verhältnisse und Probleme, aus einer völlig schiefen Auffassung der Natur des Wirthschaftslebens und aus einer verkehrten Identificirung der jeweiligen Form und Verwaltung historischer Staaten mit dem Wesen und der Idee des Staates überhaupt. Nur diese Identificirung erklärt es im Besondern, dass man zu falschen Verallgemeinerungen concreter, an sich für den Augenblick und für bestimmte Staatswesen ganz berechtigter Forderungen kam, dass man einen vollständigen Gegensatz zwischen Staat und Volk, zwischen Staatswohl und Volkswohl aufstellte und im Staate schliesslich nur noch ein nothwendiges Uebel sah. Natürlich muss das berechtigte und zweckmässige Mass der Staatsintervention verschieden sein je nach der Entwickelung der Volksmoral, des Rechts- und Gemeinsinnes, je nach dem Grade der allgemeinen Bildung, der wirthschaftlichen Einsicht und der Entwickelung des genossenschaftlichen Sinns, je nach der Art und Wirksamkeit der in der Presse, in Vereinen und in der Lehre der Wissenschaft erscheinenden öffentlichen Meinung, je nach den objectiven Wirthschaftszuständen und endlich auch je nach der thatsächlichen Organisation der Staatsverwaltung und der Volksvertretung. Die Frage über Recht und Unrecht, Zweckmässigkeit und Unzweckmässigkeit der besonderen Staatsintervention kann mit andern Worten nur für den einzelnen concreten Staat und für seine individuellen und concreten Verhältnisse erörtert und entschieden werden; aber entbehren kann sie ein Volk auf keiner Culturstufe und völlig irrig ist die Anschauung, dass, je mehr sich auf den höchsten Culturstufen das Wirthschaftsleben complicirt, dieses Mass ein geringeres werden müsse. Nur eine völlig andere wird die Mitwirkung des Staats auf den höhern als auf den niedern Culturstufen, in dem Rechts- und Culturstaat als in dem patriarchalischen oder in dem absoluten Bevormundungsstaat.

Die wirthschaftliche Gesetzgebung im deutschen Reich ist im Wesentlichen verfassungsmässig Reichssache. Dem Reich steht auf diesem Gebiet in der Folgezeit eine grosse Thätigkeit bevor, denn die Gesetze, welche das wirthschaftliche Leben Deutschlands ordnen, haben bisher nur die alten Fesseln der Production gesprengt; sie haben mit der Freigebung der Be- und Ausnutzung der productiven Kräfte nur den Boden frei gemacht, auf dem nun der friedliche und feindliche Kampf der Einzelnen unter einander geführt werden kann. Die Gesetze und Einrichtungen aber, welche diesem Kampfe seine Gefahr nehmen und erst eine harmonische Versöhnung der widerstreitenden Interessen ermöglichen, fehlen noch vollständig. Sie werden eine wesentliche Sorge der Zukunft sein. Unter den Gegenständen der Verwaltung ist das Post- und Telegraphenwesen vortrefflich organisirt; die heute noch auf diesem Gebiete bestehende partikularistische Sonderstellung Baierns und Würtembergs wird hoffentlich bald beseitigt werden. Die neue Ordnung des Münzwesens steht in allernächster Zeit bevor. Folgen wird die Errichtung eines Eisenbahnamts mit der wichtigen Aufgabe, die Ausbeutung des thatsächlichen und gesetzlichen Monopols der Eisenbahnen zu verhindern; auch ein Bankamt nach dem Vorschlag von Ad. Wagner und ein Versicherungsamt, welches mindestens für Lebens versicherungsgesellschaften die von Jacobi vertheidigte Staatsintervention darstellt, werden gebildet werden.

Die Politik des Reichs gegenüber dem Münz- und Verkehrswesen, den Bank- und Versicherungsinstituten wird bereits vielfach und lebhaft ventilirt; aber über das, was das Reich in der socialen Frage zu thun hat, was es thun kann, was es thun muss, herrscht im Grunde zur Zeit noch tiefes Schweigen. Das Schweigen muss gebrochen und die Frage der öffentlichen Discussion übergeben werden.

Die sog. sociale Frage ist für uns, seitdem die nationale ihren Abschluss gefunden, vielleicht die wichtigste der Zukunft. Mindestens ist sie berufen, das allgemeine Interesse zu erwecken und in den Vordergrund des öffentlichen Lebens zu treten. Den Rechtsstaat haben wir heute fest begründet. Jetzt gilt es den Culturstaat zur Wahrheit zu machen. Das ist die Frage. In ihr gilt es, den vielen Millionen, die von ihrer Hände Arbeit leben, eine materielle und sociale Existenz zu sichern, welche ihr Leben als menschenwürdiges, unserer heutigen Vorstellung von der Bestimmung des Menschen entsprechendes Dasein erscheinen lässt. Die Wirklichkeit ist von diesem Ziele weit ab. Wir haben nicht einmal ohne eine neue Organisation unserer Volkswirthschaft die Gewissheit, dass wir diesem Ziele zusteuern. Diese neue Organisation der Volkswirthschaft zu finden und den grellen Contrast zwischen Wirklichkeit nnd Anforderungen, die wir heute an das Einzeldasein und den Culturstaat stellen, zu heben — das ist in kurzen Worten das schwierige Problem der socialen Frage.

Nicht mit Unrecht bezeichnet der Kundige dies Problem als eines der schwierigsten, die je einem Volke gestellt wurden. Unsere Gesellschaft freilich ist noch weit davon entfernt, dies zu erkennen und die Frage demgemäss zu behandeln. Die sociale Frage ist heute in Aller Munde — aber leider auch nur in Aller Munde. Jeder spricht von ihr, aber selten ist ernste Neigung vorhanden, sich in das Studium derselben zu vertiefen; noch seltener zeigt sich ernster Wille, an ihrer Lösung energisch und verständig mitzuhelfen. Jeder glaubt sich zu einem Urtheil berechtigt, und mit geringen Ausnahmen müssen doch Alle, wenn sie die Hand auf's Herz legen, gestehen, dass sie ernstlich kaum über den Gegenstand gedacht, von den guten Arbeiten über denselben so viel wie nichts gelesen haben. Unserer Tagespresse, aus der heute die meisten Menschen ihre Stimmung und ihr Urtheil über öffentliche Verhältnisse schöpfen, kann in dieser Frage mit wenigen Ausnahmen der Vorwurf der Oberflächlichkeit, der Leichtfertigkeit, der Ignoranz und der Parteilichkeit nicht erspart werden. Der in dieser Frage mitspielende starke Interessengegensatz, welcher das Urtheil der unmittelbar Betheiligten blendet, tritt auch in der Tagespresse hervor. Will man Stimmungen der Gesellschaft in Bezug auf diese Frage fixiren, so muss leider bei der grossen Mehrzahl der Besitzenden und Gebildeten eine im Verhältniss zur Tragweite der Bewegung geradezu erschreckende Gleichgiltigkeit ja sogar, wenigstens gegenüber den energischeren, nicht mehr auf Palliativmittel gerichteten Anstrengungen der Arbeiter eine feindselige Stimmung constatirt werden. Weil man die hier einschlagenden Verhältnisse nicht kennt, so vermag man die verschiedenartigen Bestrebungen der Arbeiter nicht zu unterscheiden. Gewerkvereine, Strikes, Internationale Arbeiterassociation und die Commune von Paris, das Alles wird über einen Leisten geschlagen; und bekämpft und mit dem Anathem belegt wird als Feind der allgemeinen Wohlfahrt ebenso der, welcher sich an einem Strike oder einem Gewerkverein betheiligt, wie der, welcher als Mitglied der Internationalen Arbeiterassociation für die Abschaffung des Erbrechts und des Grundeigenthums agitirt oder als Anhänger der Commune in den Strassen von Paris kämpfte und den Feuerbrand in die Tuilerien und das Stadthaus schleuderte. Auch bei den eigentlichen Staatsorganen herrscht noch im Ganzen wenig Lust, an die Frage ernst heranzutreten. Infolge dieser Stimmungen ist auf der andern Seite bei den Arbeitern, auch bei den Nichtsocialisten, die Stimmung gereizter und erbitterter gegen die besser situirten Gesellschaftsklassen und die Staatsorgane und diese Stimmung macht sie geneigter, den Einflüsterungen der socialistischen Agitation zu folgen.

Anlass der socialen Frage ist eine Reihe wirthschaftlicher und socialer Uebelstände, die, im Einzelnen unendlich verschieden nach Gegenden, Productionszweigen und Ländern, im Allgemeinen sich in eine kleine Zahl bestimmter Kategorien zusammenfassen lassen. Geringes Einkommen und geringe Bedürfnissbefriedigung, Uebermass der Arbeitszeit, menschenunwürdige und gefährliche Art der Arbeit, persönliche Gebundenheit der Arbeiter an einen Unternehmer und eine Unternehmung, Arbeit der Kinder, der verheiratheten und unverheiratheten Frauen in den Fabriken, schlechte Wohnung, schlechtes Familienleben, traurige Moralitätsverhältnisse und mangelnde Hoffnung auf eine Besserung durch eigene Kraft — das sind im Wesentlichen die Missstände, die uns in unendlich verschiedenen und mannichfaltigen Variationen als die Klagen der lohnarbeitenden Classen in den Zweigen der gewerblichen Arbeit und der Landwirthschaft entgegentönen. Dazu gesellt sich die bittere Noth und die verzweiflungsvolle Lage der Hunderttausende von unverheiratheten weiblichen Personen, welche, den mittleren und höheren Gesellschaftsclassen angehörig, ohne Vermögen, bei der Verpflichtung, für sich selber zu sorgen, der Arbeitsfähigkeit und Arbeitsgelegenheit entbehren.

Das Loos dieser vielen Millionen steht in unzähligen Fällen in schreiendem Widerspruch mit den Minimalforderungen, die wir vom Standpunkte unserer heutigen Ethik an ein menschenwürdiges Dasein stellen; es contrastirt in grellem Schein mit dem Inhalt des Rechts der Persönlichkeit, das wir fortwährend als die Basis des Rechts- und Culturstaats hinstellen, und es ist ein betrübender Hohn auf die hohe Culturblüthe unserer Zeit, deren wir uns so gern mit Stolz rühmen. Die Besserung und zwar die schleunige, energische Besserung dieser Verhältnisse ist für die moderne Gesellschaft und den Staat ein Gebot der sittlichen Pflicht wie des eignen Interesses. Sie ist ein Gebot der sittlichen Pflicht: wenn anders die Forderungen der Ethik und das Streben nach dem Culturstaat nicht blosse Phrasen zur Beschönigung und Verherrlichung der eignen Existenz der besser situirten Gesellschaftsclassen bleiben sollen. Sie ist aber auch ein Gebot des eignen Interesses: denn schon ist in die Arbeiterkreise das Bewusstsein ihrer Lage und jener Widersprüche gedrungen, schon zeigt sich bei ihnen das feste Streben nach einer Aenderung zum Bessern, schon haben sie das Bewusstsein ihrer Kraft, wenn sie als Gesammtheit sich organisiren, erlangt. Ihre traurige Lage, ihre geringe Bildung, die Apathie der gebildeten, besitzenden und herrschenden Classen machen diesen grossen Theil des Volks zu dem fruchtbarsten Boden für socialistische und communistische Agitatoren; das allgemeine, gleiche und directe Wahlrecht, das, einmal eingeführt, nicht wieder beseitigt werden kann, giebt ihnen, je länger wir es haben und üben, um so mehr das politische Machtmittel in die Hand, ihre Ideen, auch ihre überspannten, im Staatswesen durchzuführen, und die furchtbaren Ereignisse der Maitage dieses Jahres in Paris zeigen uns die Art und den Anfang eines Krieges, dessen Dimensionen und Folgen nicht zu berechnen sind, wenn Staat und Gesellschaft ihre Pflichten nicht erfüllen. Grund genug ist wahrlich vorhanden, dass Alle, die an der Verwirklichung unserer Culturideen im Volksleben mitarbeiten wollen, dass vor Allem auch die Staatsorgane mit Ernst, mit Energie und mit sittlichem Streben der Frage sich zuwenden sollten.

Für die practische Lösung des grossen Problems sind eine Reihe von Grundanschauungen, von Fundamentalsätzen festzuhalten. Ich kann nicht daran denken, sie hier als solche zu erweisen; ich begnüge mich, sie gewissermassen als Axiome zu behaupten. Sie sind meiner Ueberzeugung nach die nothwendige Voraussetzung für das Verständniss der Art der Lösung; sie müssen den Ausgangspunkt und die leitende Richtschnur für die practische Behandlung der Frage bilden; sie müssen gegenüber den unklaren, phantastischen und irrigen Vorstellungen, welche heute vielfach herrschen und die Literatur dieser Frage zu einer so unglaublich wirren machen, allgemein anerkannt und Gemeingut des Volkes werden, wenn wir wirklich die Besserung und Heilung dieser Zustände mit dem Bewusstsein des sicheren Erfolges vornehmen wollen.

1. Vor Allem müssen wir den Glauben an eine absolute, radicale und plötzliche Lösung aufgeben. Die vielen Uebelstände, welche den Inhalt der socialen Frage ausmachen, können wir nicht über Nacht fortzaubern. Was so viele, so verschiedenartige, so entgegengesetzte Interessen berührt und im letzten Grunde doch durch eine jahrhundertlange Entwickelung im socialen Volkskörper sich ausgebildet, das lässt sich nicht mit einem Schlage beseitigen. Noch weniger können wir die Noth für immer aus der Welt schaffen und ein Utopien herstellen. Das Proletariat können wir nie beseitigen, denn es ist in der menschlichen Natur, die wir zu ändern nicht vermögen, begründet. Um nur einen, wesent-

lichen und viel zu wenig gewürdigten Factor des Proletariats zu erwähnen — die masslose und unmoralische Kindererzeugung werden wir nie aus der Welt schaffen. Was wir nur können, was wir deshalb auch müssen, das ist, die allmählige und fortschreitende Besserung anzubahnen, das ist, das Mass der Uebelstände und des Proletariats stetig zu verringern, das ist vornehmlich, diejenigen Uebelstände zu beseitigen, welche nur die Folge einer mangelhaften und ungenügenden Organisation der Gesellschaft und der Volkswirthschaft sind. Das berechtigtermassen Erreichbare kann nur darin bestehen, dass die socialen Missstände — was man heute von ihnen nicht sagen kann — ausschliesslich die Schuld der bedrängten Classen selber werden.

2. Wir müssen ferner uns mit der Ueberzeugung durchdringen, dass eine Lösung weder auf dem Wege des Socialismus noch des Manchesterthums liegt.

Der Socialismus hat um die Entwickelung unserer Volkswirthschaften und der nationalökonomischen Wissenschaft unleugbar grosse Verdienste und es kann das gegenüber der heute üblichen einseitigen und wegwerfenden Kritik des Socialismus nicht stark genug betont werden. Gegenüber der optimistischen Auffassung des Wirthschaftszustandes und der landläufigen Schönrednerei hat die Darstellung der thatsächlich bestehenden Verhältnisse durch die Socialisten uns die Schattenseiten des wirthschaftlichen Lebens enthüllt. Gegenüber der einseitigen Bevorzugung der Steigerung der Production als der Hauptaufgabe der Volkswirthschaft hat die vom Socialismus ausgegangene Betonung der gerechten Vertheilung und des Rechts der Arbeit den Schwerpunkt für die Beurtheilung des Werths eines Wirthschaftszustandes in die Art und das Mass der Vertheilung der Güter und der Consumtion verlegt. Den socialistischen Theorien verdanken wir die wissenschaftliche Begründung von der Bedeutung des Genossenschaftsprincips für die Volkswirthschaft. Die wissenschaftlich theoretische Kritik unserer Wissenschaft durch die Socialisten endlich ist der Anlass geworden zu der Wandlung, die sich in unserer Wissenschaft und in der Gesellschaftsmoral in Bezug auf wirthschaftliche Verhältnisse vollzogen hat. Denn ihrer Polemik ist gelungen, wie Bruno Hildebrand schon vor mehr denn 20 Jahren treffend hervorhob, die Unhaltbarkeit der Fundamente zur allgemeinen Anschauung zu bringen, auf welche sich die Smith'sche Lehre stützt und namentlich jene Vergötterung des Privategoismus, aus welchem von selbst die allgemeine und öffentliche Wohlfahrt hervorwachsen soll, in ihrer Unwahrheit und Verderblichkeit zu zeigen. Die Socialisten haben im Gegensatz dazu die Nothwendigkeit der sittlichen Bande dargethan, welche jedes Individuum an die Gesammtheit knüpfen; sie haben gezeigt, dass die wirthschaftlichen Functionen des Einzelnen wie der Gemeinwesen zugleich einer sittlichen Basis bedürfen, wenn anders wir die grosse Culturaufgabe der Volkswirthschaft erfüllen wollen; sie haben klar gelegt, dass die Wissenschaft vom Wirthschaftsleben einer durchgreifenden Rücksicht auf die höchsten Zwecke der menschlichen Gesellschaft nicht entbehren kann und haben damit die Nationalökonomen zu der Einsicht genöthigt, dass ihre Wissenschaft keine blosse Naturlehre der menschlichen Selbstsucht sein kann, sondern eine ethische Wissenschaft sein muss. Diese Verdienste des Socialismus und der socialistischen Theorien sind gross und werden bleibender Art sein. Die positiven practischen Vorschläge aber, die sie für die Heilung der socialen Gebrechen machen, die Staats- und Gesellschaftsordnungen, in denen sie von St. Simon bis auf Lassalle und Marx allein die Lösung zu finden glaubten, müssen bei richtiger Würdigung der menschlichen Natur und der Factoren des wirthschaftlichen und socialen Lebens als völlig unausführbar und ihr Ziel nothwendig verfehlend hingestellt werden. Ihnen liegt mehr oder minder guter Wille und Phantasie, als klar verständiges Denken und wirklich practische Erkenntniss zu Grunde.

Noch viel weniger aber liegt das Heil in der Lehre und den Forderungen des Manchesterthums. Auch diese Richtung hat ihre hohen Verdienste. Der rastlosen Agitation ihr angehöriger Männer verdankt Europa die Beseitigung der Fesseln, welche die freie Bewegung der productiven Kräfte hinderten, ihnen verdankt die Menschheit die grössere Freiheit im internationalen Verkehr. Weil sie zeitgemässe practische Forderungen stellten und mit Geschick für dieselben wirkten, gelangten sie zu dem grossen Einfluss, der sie noch vor wenigen Jahren zur herrschenden Partei machte. Doch das Manchesterthum hat heute seine Mission erfüllt. Für das neue Stadium unserer Volkswirthschaft, in das wir eingetreten und in dem auf der Basis der Freiheit der productiven Kräfte wir Organisationen schaffen müssen, die den Einzelwillen in die sittliche Schranke weisen, Organisationen, für die wir auch die Hilfe von Staat und Gemeinde und vor Allem die sittliche Thatkraft der Gesellschaft gebrauchen, ist diese Richtung nur eine Gefahr — ja in ihrer radicalen Schattirung gefährlicher als der Socialismus. Denn wer — um nur einige Fundamentalsätze dieser Richtung hervorzuheben — von den Grundmaximen getragen ist: dass bei der vollen Freiheit des wirthschaftlichen Verkehrs d. h. bei der absolut ungebundenen Willkür der Einzelnen alle Vermögens- und Capitalbildung in der Einzelwirthschaft individuelles Verdienst sei; dass der thatsächliche Capitalgewinn als Lohn für eine tugendhafte Entbehrung aufzufassen; dass der Arbeitslohn der einzelnen Arbeiterclasse und der einzelnen Arbeiter nothwendig steige mit der Capitalvermehrung und daher Vermehrung des Capitals, gleichgiltig wie immer es vertheilt sei, das einzig berechtigte und wirksame Mittel der Lohnerhöhung bilde; dass die thatsächliche Vertheilung in dem System der freien Concurrenz auch die gerechte sei; dass der Arbeiter wirthschaftlich nur als Productionskraft wie andere Productionskräfte, Thiere, Maschinen, Werkräume etc. in Betracht kommen könne; dass im Wirthschaftsleben jeder Einzelne die Förderung seines eignen Wohls besser als Andere verstehe, dass die Harmonie der collidirenden Interessen und die allgemeine Wohlfahrt am besten und sichersten durch das unbeschränkte Waltenlassen des Egoismus herbeigeführt werde; dass Staat und Gemeinde demgemäss für das Wirthschaftsleben auch nur die negativen Functionen, die Freiheit; die Person und das Eigenthum der Einzelnen zu schützen, auszuüben haben; — der gelangt gar nicht zum Bewusstsein der vorhandenen Uebelstände, der hat keine Ahnung von der Existenz einer berechtigten socialen Frage. Wer sich zu jenen Dogmen bekennt, dem erscheinen die Gegner seiner theoretischen Anschauungen und die Vertheidiger einer Mithilfe von Staat und Gemeinde an der Lösung des socialen Problems als Verbrecher gegen die vermeintlichen Naturgesetze des wirthschaftlichen Lebens, und, wenn sie ihre Forderungen agitatorisch und practisch durchsetzen wollen, gar als Feinde der allgemeinen Wohlfahrt, gegen welche der Staat polizeilich oder strafrechtlich einschreiten müsse. Die Erkenntniss der Uebelstände und die vorurtheilslose Betrachtung der Heilbestrebungen sind der erste Schritt zum Bessern. Dieser erste Schritt kann mit jenen Anschauungen nicht gemacht werden. Siegen dieselben in der Gesellschaft, in Gemeinde und Staat, dann gelangen wir nicht zur harmonischen Versöhnung der widerstreitenden Interessen, sondern grösser wird die Ungleichheit des Besitzes, ungerechter die Vertheilung der erzeugten Werthe, stärker der Druck der vorhandenen und friedlich nicht zu hebenden persönlichen Herrschaftsverhältnisse; rettungslos werden wir hineingetrieben in die gewaltsame und blutige sociale Revolution. Mag diese siegen oder besiegt werden, mag sie enden mit dem Siege des Egoismus und des Capitalbesitzes oder mit dem Siege des Socialismus und der Lohnarbeit, immer bewirkt sie Zustände, die eine Negation des Culturstaats, vielleicht auch des Rechtsstaats bedeuten.

Auf anderm Wege ist das Heil zu suchen.

3. Wir haben für die wirkliche und sichere Heilung, wie schon erwähnt, kein absolutes, kein radicales Mittel. Wir haben statt dessen viele Mittel (s. S. 26), die nach und nebeneinander angewandt werden müssen, auch keine Wunderkuren verrichten, sondern allmählig den kranken Körper zu einem gesunden machen. Leicht ist es, die Kenntniss dieser Mittel zu erlangen, aber für die wirkliche Hilfe ist damit noch wenig gethan. Denn die richtige und zweckmässige Anwendung dieser Mittel ist nicht so einfach, wie die grosse Zahl der Schriftsteller dieser Frage wähnt. Die Anwendung desselben Mittels ist verschieden je nach den Krankheitsursachen, den Zuständen der interessirten Personen und der in Betracht kommenden Arbeitszweige; und für dieselben Krankheitserscheinungen werden je nach der Verschiedenheit dieser Verhältnisse ganz verschiedene Mittel nothwendig. Wir können nicht bei äusserlich gleichen Uebelständen für jede kranke Classe, noch an jedem Orte und in jedem Arbeitszweige dasselbe Mittel gebrauchen, sondern müssen unter den verschiedenen Mitteln, die für eine Krankheitserscheinung im Allgemeinen anwendbar sind, je nach den verschiedenen Ursachen derselben, nach dem Gesammtzustande der Personen,

die in Frage kommen (der Arbeitgeber wie Arbeitnehmer), nach der Gesammtlage der resp. Unternehmungen, endlich auch nach dem Zustande der Gesellschafts- und Staatsorganisation dasjenige oder diejenigen Mittel finden, welches oder welche (cumulativ angewendet) unter diesen individuellen concreten Verhältnissen am zweckentsprechendsten sind. Das Gesagte ist nur m. a. W. das Axiom, dass die Lösung (natürlich innerhalb der oben gezogenen Grenzen, in denen überhaupt von einer Lösung gesprochen werden kann) nur im concreten einzelnen Falle unter voller Würdigung der concreten individuellen Verhältnisse erfolgen, dass sie nur eine individuelle, und selbst bei äusserlich anscheinend gleichen Verhältnissen nur eine verschiedene sein kann.

Dadurch dass die Lösung nur mit Rücksicht auf die concreten Verhältnisse angestrebt werden kann, wird auf der einen Seite theoretisch wie practisch die ganze Frage zu einer so unendlich complicirten und schwierigen; auf der andern Seite führt aber gerade diese Erkenntniss dazu, für das ganze Problem einen festen Grund und Boden, ein sicheres Fundament zu finden. Indem wir wissen, dass die Kenntniss der vielen Heilmittel und der Bedingungen ihrer Anwendbarkeit, die genaue und sichere Kenntniss der Uebelstände und die sichere Analyse der Ursachen derselben, die Kenntniss endlich der Productions- und Absatzverhältnisse in den einzelnen Arbeitszweigen und der localen, individuell persönlichen Verhältnisse der Lohnarbeiter und Unternehmer absolute Voraussetzung der Lösung ist, dass erst unter dieser Voraussetzung das sichere Heilmittel im concreten Fall festgestellt werden und eine erfolgreiche Behandlung beginnen kann, treten wir aus der abstracten Behandlung des Problems auf den Boden der realen Verhältnisse. Mit diesem Boden unter uns, mit jener Kenntniss ausgerüstet ist der Weg aus dem Labyrinth für uns nicht mehr so schwer zu finden.

4. Für die nur unter diesen Voraussetzungen mögliche Lösung ist ein weiteres Moment von fundamentaler Bedeutung. Die blosse Selbsthilfe der bedrängten Classen reicht nicht hin, das Problem zu lösen; zu ihr muss sich mehr oder minder ergänzend die Gesellschaftshilfe und die Staatshilfe gesellen. Wir nennen Gesellschaftshilfe die freiwillige Mithilfe der nicht bedrängten

Gesellschaftsclassen und Staatshilfe die directe Mitwirkung der Staatsgesetzgebung und Staatsverwaltung an der Befreiung der bedrängten Classen aus ihrer Noth. Das Mass der nothwendigen und zweckmässigen Gesellschafts- und Staatshilfe wird wieder nach der Verschiedenheit der Uebelstände, der Arbeitszweige, der Entwickelung der Arbeitsclasse etc. ein verschiedenes sein müssen, aber es giebt thatsächlich keine Volkswirthschaft und es ist keine Volkswirthschaft denkbar, in der sie zur Lösung des Problems entbehrt werden könnten. Die staatliche Feststellung der thatsächlichen Zustände, die Ueberwachung event. Einrichtung des Schul- und Unterrichtswesens, die polizeiliche Ueberwachung der Wohnungs- und Arbeitsräume, die Verhinderung gefährlicher und menschenunwürdiger Arbeit, die Regulirung der Frauen- und Kinderarbeit — das Alles erfordert eine absolut unentbehrliche Staatshilfe; vielleicht wird dieselbe eben so nothwendig für die Feststellung der Arbeitszeit erwachsener Arbeiter. Für die Gesellschaftshilfe aber muss geradezu als Axiom behauptet werden, dass wir auf eine irgendwie nennenswerthe Beseitigung der Uebelstände verzichten müssen, wenn es nicht gelingt, die Forderung zu einer Wahrheit zu machen: dass Diejenigen, welche durch grössere geistige Begabung oder durch grössern Besitz zu den besser situirten Gesellschaftsclassen gehören, eben um dieses Vorzugs willen, der doch nur in seltenen Fällen ihr eigenstes Verdienst ist, die sittliche Pflicht haben, an der Befreiung und Hebung der bedrängten Classen thatkräftig und, je grösser ihre geistige und materielle Kraft ist, in um so höherem Grade mitzuwirken. Unsere Gesellschaft kann von der Anklage nicht freigesprochen werden, dass die besser situirten Classen sich dieser Pflicht noch viel zu wenig bewusst geworden, dass wir weit davon entfernt sind, sie dem entsprechend handeln zu sehen. Wäre das nicht der Fall, die Noth wäre heute nicht auf ihrem thatsächlichen Höhepunkte. Was wir brauchen, ist in Ausübung jener Pflicht eine neue, besondere Organisation der Gesellschaft, welche die energische Hilfe garantirt. Zu dieser Mithilfe sind in erster Reihe auch die Unternehmer selbst berufen und verpflichtet. Ihre individuelle Mitwirkung an der Hebung des Nothstandes, ihre individuelle

Einwirkung auf die von ihnen abhängigen Arbeiter — ist eines der wesentlichsten Förderungsmittel für die friedliche und glückliche Lösung der schwebenden Frage. In den bei weitem meisten Fällen wird ihr eigenes wirthschaftliches Interesse nicht im Geringsten gefährdet; nur Verblendung und Ignoranz kann sie überall das annehmen lassen. Aber unbedingt müssen sie brechen mit der Auffassung, dass der Arbeiter eine blosse Arbeitsmaschine sei, zu der sie in keiner andern Beziehung stehen, als zu dem in ihrem Unternehmen sonst thätigen Capital. Sie müssen erkennen, dass ihr Verhältniss zu ihren Arbeitern, denen sie ihren Wohlstand doch mindestens mit verdanken, nicht bloss ein juristisches Vertragsverhältniss sondern zugleich ein sittliches ist, das ihnen eine Reihe von moralischen Pflichten auferlegt, die sich in der directen Sorge für die materielle und geistige Hebung ihrer Arbeiter zu einer Pflicht concentriren. Sie müssen auch die Vorstellung schwinden lassen, dass, was sie in dieser Hinsicht thun, ein Almosen oder ein ihnen besonders anzurechnendes Verdienst sei. Was wir hier von ihnen fordern, ist die Erfüllung einer ethischen Pflicht und in diesem Sinne ein Recht der Lohnarbeit.

5. Ein letzter Punct ist noch hervorzuheben. Nur zu oft wird er in theoretischen Erörterungen wie im wirklichen Kampf der Arbeiter und Unternehmer übersehen. Und weil man ihn übersieht, werden oft an Unternehmer zur Beseitigung allerdings schreiender und nothwendig zu beseitigender Uebelstände Forderungen gestellt, welche diese in ihrer Isolirtheit selbst beim besten Willen nicht zugestehen können. Sowenig die Uebelstände stets die Schuld der Unternehmer sind, ebensowenig genügt in allen Fällen der Wille der einzelnen Unternehmer, die Wünsche ihrer Arbeiter zu erfüllen. Einwirkt hier das organische Wesen des Wirthschaftslebens, die Abhängigkeit der einzelnen Unternehmung von der Gesammtheit der mit ihr auf dem Productenmarkt concurrirenden Unternehmungen. Die in Betracht kommenden Fälle sind diejenigen, in welchen die an sich nothwendige oder wünschenswerthe Beseitigung von Uebelständen eine Erhöhung der Productionskosten bedeutet. In einem solchen Falle liegt die Heilung allein in der Hand des einzelnen Unternehmers oder der Unter-

nehmer einer Gegend nur, wenn der sog. Unternehmergewinn mehr als den üblichen Unternehmerlohn und die berechtigte Risikoprämie für Capital und Unternehmerarbeit beträgt. Wo dagegen diese Voraussetzung fehlt — und das wird in sehr vielen Unternehmungen der Fall sein —, können die Unternehmer in diese Erhöhung der Productionskosten nur willigen oder zu derselben mit Recht gezwungen werden, wenn es ihnen möglich ist, den Preis der fertigen Producte zu erhöhen und die Erhöhung der Productionskosten durch die Preissteigerung auf die Consumenten überzuwälzen. Diese Möglichkeit ist aber nur dann vorhanden, wenn zugleich in allen mit einander auf dem Productenmarkt concurrirenden Unternehmungen die gleiche Erhöhung der Productionskosten stattfindet, also die bisher gleiche Concurrenzkraft der Unternehmer dieselbe bleibt, und wenn die Nachfrage die Steigerung des Productenpreises duldet. Sind also Uebelstände ohne eine Erhöhung der Productionskosten nicht heilbar, so wird die Heilung, sobald mehrere Gegenden eines Landes oder verschiedene Länder in der Production eines Gegenstandes mit einander concurriren und die Erhöhung der Productionskosten auf die Consumenten übergewälzt werden muss und kann, kraft jener einfachen, unwiderleglichen Causalzusammenhänge aus einer localen und individuellen Frage zu einer Frage der Volkswirthschaft oder der Weltwirthschaft. Die Heilung kann in solchem Falle nicht in einzelnen oder mehreren, sondern nur in allen miteinander concurrirenden Unternehmungen erfolgen, sie kann mit anderen Worten nicht ohne eine Regelung der betreffenden Verhältnisse für die ganze Volkswirthschaft oder für die Wirthschaft verschiedener Völker mit Recht gefordert, noch weniger durchgesetzt werden.

Unter bestimmten Voraussetzungen bedürfen also Fragen, wie das Verbot oder die Beschränkung der Kinder- und Frauenarbeit, das Verbot gesundheitschädlicher oder menschenunwürdiger Arbeit, die bessere und kostbarere Einrichtung der Fabrikräume, die Einführung einer humanen Arbeitszeit und eines höheren Arbeitslohns etc., mögen sie an sich schon durch die Organisation der Lohnarbeit oder erst durch die Staatsintervention bewirkt werden können, einer nationalen oder internationalen Behandlung. Die Englischen Gewerkvereine haben dies wohl erkannt; sie erstreben deshalb zunächst die Vereinigung aller Arbeiter eines bestimmten Gewerks im ganzen Lande, um auf alle Unternehmer den gleichen Druck ausüben zu können; und es ist ein Verdienst der Internationalen Arbeiterassociation, zuerst auf die einfache Wahrheit hingewiesen zu haben, dass gewisse Verhältnisse der socialen Frage nur durch internationale Verbindungen und Regelungen zu lösen sind. Dies letztere wird, je mehr sich ein Weltmarkt für die Producte entwickelt, um so mehr der Fall werden. Und kein Zweifel, dass in allen solchen Fällen, wenn die Lösung zugleich die Staatsintervention erfordert, die Gesetzgebung eines Staats in wirklich erfolgreicher Weise ohne Schädigung der Interessen des eignen Volks nicht vorgehen kann, ohne zuvor durch internationale Verträge der entsprechenden Gesetzgebung in den concurrirenden Staaten sich zu vergewissern. Wir haben bisher eine Aera internationaler Handelsverträge erlebt, wir müssen und werden eine neue Aera erleben, in welcher auch die Gesetzgebung in der socialen Frage Gegenstand internationaler Verhandlungen wird.

Diese hier nur in Kürze und mehr in der Form von Behauptungen hingestellten Sätze sind, ich wiederhole, nach meiner Ueberzeugung, für die practische Frage, wie die Lösung des socialen Problems anzubahnen, von fundamentaler Bedeutung. Sie zeigen das erreichbar Mögliche und den Weg der Lösung. Sie zeigen auch, dass die wirkliche und durchgreifende Reform nicht so einfach ist, wie das Manchesterthum, der Socialismus und die grosse Masse Derer, die mit Wunderkuren helfen wollen, glauben.

Die Mittel, welche unter bestimmten Voraussetzungen mit Erfolg angewandt werden können, sind, abgesehen von den allgemeinen, der Pflege der allgemeinen Bildung (Schulzwang, Schulwesen etc.) und der allgemeinen Moral, sehr mannichfacher Art. Sie lassen sich in directe, d. h. solche, welche eine unmittelbare Beseitigung der Uebelstände im Einzelnen oder im Allgemeinen bewirken können, und in indirecte, welche nur mittelbar die Lage der Lohnarbeit bessern können, scheiden. Ich will die hauptsächlichsten hintereinander in trockener Nomenklatur aufführen, die ersteren nach den Classen, denen zu dienen sie bestimmt sind.

Unter den directen sind zu nennen:

1. für ländliche Arbeiter:

Herstellung besserer Wohnungen mit einem Stück Gartenland, Errichtung von Sparkassen, Alters-, Kranken- und Sterbekassen, von Viehversicherungsvereinen, von Consumvereinen, Erzielung grössern Einkommens durch Steigerung der Bedürfnisse oder durch Aenderung der Art der Arbeitsbezahlung (Einführung des Accordlohns, der Betheiligung am Gewinn), Gründung von Productivgenossenschaften von Pächtern und Eigenthümern, Erwerb von Grundeigenthum und selbständigen Wirthschaften, Gründung landwirthschaftlicher Fortbildungsschulen und Vereine mit Bibliotheken, Verhinderung zu früher Ehen, Einsetzung von Staatsorganen zu fortlaufender Feststellung und Controlirung der thatsächlichen Verhältnisse etc.;

2. für gewerbliche männliche Arbeiter:

in der Form von Gesellschafts- und Selbsthilfe: Herstellung gesunder und billiger Wohnungen nach dem Cottage- und Kasernensystem, welche vermiethet oder zu Eigenthum erworben werden können, bessere Verwerthung des thatsächlichen Einkommens durch Consumvereine und durch rationelle Benutzung der Nahrungsmittel, Erzielung eines höhern Einkommens durch Einführung des Accordlohns, durch Betheiligung der Arbeiter am Gewinn, durch Gründung von Productivgenossenschaften in den verschiedenartigen Formen dieser Unternehmungsart, Gründung von Gewerkvereinen (zur Regulirung des Arbeitsangebots auf dem Arbeitsmarkt, zur Erzwingung gerechten Lohns, humaner Arbeitszeit und -art, zur Förderung der Moral und zur Herbeiführung der wirthschaftlichen Selbständigkeit der Lohnarbeit), Durchführung des Moralprincips in dem Abschluss von Ehen und in der Erzeugung von Kindern, Gründung von Spar-, Alters-, Begräbniss-, Kranken- und Unfallversicherungskassen, Gründung von Arbeiter- und Handwerkervereinen zur Bildung und Erholung, von Fortbildungsschulen, Wanderunterstützungskassen, Kost- und Logierhäusern für Unverheirathete etc.;

in der Form von Staatshilfe: Feststellung, Controlirung und Publication der wirthschaftlichen und socialen Verhältnisse der Lohnarbeit durch besondere Staatsorgane,

Freiheit der Niederlassung und der Association, Regulirung der Kinder- und Frauenarbeit, Regulirung der Arbeitsart unter Umständen auch der Arbeitszeit der Erwachsenen, Controle der Wohn- und Fabrikräume, Einführung gewerblicher Schiedsgerichte, unter Umständen von Zwangsunterstützungskassen etc.;

3. für die weibliche Arbeiterclasse:

a. sofern dieselbe in Fabriken oder ausserhalb des Hauses arbeitet: Regulirung der Arbeitsart und -zeit und Controle durch den Staat, Gründung von Vereinen durch die Gesellschaft, welche der Pflege der Kinder, deren Mütter gezwungen in die Fabriken gehen, sich unterziehen und den Wöchnerinnen die Last des Hausstandes abnehmen, welche die Sorge für die bessere Wohnung, für die freien Stunden, die Ausbildung und Erziehung der unverheiratheten Fabrikarbeiterinnen zu ihrem künftigen Wirken als Hausfrauen und Mütter übernehmen etc.;

b. für die Mädchen der höheren und mittleren Gesellschaftsklassen, welche sich nicht verheirathen können und für ihre Existenz selber sorgen müssen: Beseitigung der unsinnigen Vorurtheile, welche in Bezug auf die selbständige wirthschaftliche Thätigkeit dieser Personen heute noch herrschen, Reform der Erziehung in Schule und Haus, Ausbildung der Arbeitsfähigkeit, Eröffnung von Arbeitsgebieten und Gründung von Vereinen zu dem einen wie andern Zwecke, Verwendung in geeigneten Staatsverwaltungsstellen etc.

Wie diese Aufzählung zeigt, kommen directe Mittel in ziemlich grosser Zahl für diese Frage in Betracht. Fast jedes Mittel hat für seine Anwendbarkeit und Anwendung seine besonderen Voraussetzungen und seine besonderen Modalitäten.

Ihnen reiht sich unter den indirecten Mitteln vornämlich eine Reform des Steuerwesens an, welche die indirecten Steuern beseitigt und in der Besteuerung des Einzeleinkommens nach dessen verschiedenen Quellen (in der Form der Grund-, Gebäude-, Capitalzins-, Unternehmer-, Arbeitsrentensteuer, in der Besteuerung von Schenkungen, Gewinnen und Erbschaften) den Grundsatz durchführt, dass die Steuer, als der materielle directe Beitrag des Einzelnen für die Culturentwickelung des Ganzen, soweit die Sorge für dieselbe Sache und Aufgabe des Staats ist, jedes Einzeleinkommen gleichmässig nach Massgabe seiner Leistungsfähigkeit für jenen Zweck belaste. Die Leistungsfähigkeit steigt aber in höherm Verhältniss als das Reineinkommen. Die nothwendige Folge dieses Grundsatzes ist die Progression des Steuerfusses mit dem höhern Mass des Einkommens, bei der Erbschaftssteuer ausserdem noch mit dem weiteren Verwandtschaftsgrade. Progression und Steuerfuss werden bei den einzelnen Steuern variiren, aber fehlen darf in einem rationellen directen Steuersystem die Progression bei keiner Steuer. Erst die progressive Besteuerung lässt im Steuerwesen das ethische Princip wirksam werden, nach welchem die Gesammtheit als Staatswille durch die Art und das Mass der Besteuerung den Uebelstand einer ungerechten und allzu ungleichen Vertheilung des Einkommens im allgemeinen Interesse zu mildern suchen muss. Diese Reform des Steuerwesens ist nicht durchführbar, ohne dass in den meisten Fällen eine controlirbare Angabe des Steuerobjects durch die Steuerpflichtigen stattfindet und die falsche Angabe als Steuerverbrechen mit starken Strafen belegt wird. Eins wie das andere ist aber nur möglich durch eine Decentralisirung der Steuerverwaltung, bei welcher der Staat bezüglich des Steuerwesens wesentlich nur noch die Gesetzgebung ausübt, die Anlegung und Erhebung der Steuern aber von den Gemeinden als Staatsorganen erfolgt. Diese Reform würde im Vergleich zu dem heutigen Steuerwesen die lohnarbeitenden Classen erheblich entlasten und auch für das Steuersystem das Princip der Gerechtigkeit, dessen Träger der Staat sein soll, verwirklichen. Eben deshalb müssen wir, wie weit auch immer noch die wirkliche Reform entfernt sein möge, dieselbe als indirectes Mittel zur Hebung der Arbeiternoth hinstellen.

Die Lösung der socialen Frage ist die richtige Anwendung der zweckentsprechenden Mittel auf die concreten Verhältnisse. Der Satz ist keine blosse Phrase, er enthält die ganze Wahrheit. Er besagt uns, was wir für die Lösung brauchen. Er besagt, dass wir nöthig haben: 1. die Erkenntniss der concreten Verhältnisse, d. h. die Feststellung der Uebelstände, ihrer Ursachen und der Fähigkeit der Kranken, sich selbst zu helfen; 2. die Erkenntniss des Mittels, das unter diesen concreten Verhältnissen das richtigste ist, und 3. die zweckmässige Anwendung desselben durch die That der Bedrängten, der Gesellschaft und des Staats. Er besagt auch, dass und weshalb wir heute noch von einer irgendwie nennenswerthen wirklichen Besserung fern sind.

Wir kennen nämlich heute die verschiedenen Mittel, welche angewendet werden können, wir kennen auch die Voraussetzungen und die Modalitäten ihrer Anwendbarkeit. Aber uns fehlt zur Zeit die erste Veraussetzung einer wirklichen grossen Reform: wir in Deutschland wenigstens kennen nicht die wirkliche Lage unserer arbeitenden Classen und die Ursachen der Uebelstände. Wohl wissen wir, dass Uebelstände vorhanden sind, aber in welchem Masse und woher bedingt, davon haben wir keine bestimmte und klare Vorstellung. Wir können deshalb für die Volkswirthschaft weder die Krankheitsdiagnose stellen noch entscheiden, welche Heilmittel und wie dieselben anzuwenden sind. Wo locale Missstände local zu heilen, da haben wir wohl vereinzelte Kunde und sehen wir auch die zweckmässige heilende Thätigkeit vereinzelt und im Kleinen sich entfalten; aber diejenige Kenntniss der realen Verhältnisse, welche nothwendige Voraussetzung für eine allgemeine Mithilfe an der Lösung, für eine Gesellschaftshilfe im Grossen und vor Allem für die richtige Staatshilfe ist, fehlt uns absolut. Uns fehlt deshalb das sichere Urtheil, durch welche Mittel die Initiative der bedrängten Classen zu steigern, wie die Gesellschaftshilfe zu organisiren, in welchem Masse die Staatshilfe anzuwenden ist.

Deutschland steht in dieser Beziehung weit hinter England zurück. Wesentlich aus dieser Unkenntniss der realen Verhältnisse ist der allgemein bei uns herrschende, unser Gewissen beruhigende und die individuelle Thatkraft einschläfernde Glaube entstanden — dass bei uns die Dinge nicht so schlimm seien, wie sie die englischen Enqueten für England berichten. Möglich und wahrscheinlich, dass dem so ist; jedenfalls aber wissen wir nicht, wie weit dieser Glaube berechtigt ist. Die deutschen Staaten haben ihre Pflicht, diese Verhältnisse klar zu legen, nicht erfüllt. Der englische Staat hat durch eine Reihe von Enqueten die Lage seiner arbeitenden Classen geprüft und keine Scheu getragen, die traurigen und grauenhaften Resultate offen vor aller Welt zu bekennen. Und diese Untersuchungen sind nicht nur der Anlass und die Basis der englischen Fabrikgesetzgebung, sondern auch die Veranlassung der grossartigen Organisation der Selbst- und Gesellschaftshilfe geworden, welche wir in England erblicken. Die officiellen Publicationen und die Publicationen der organisirten Gewerkvereine geben heute über die englischen Verhältnisse eine ziemlich genügende Kunde. Wüssten wir erst den thatsächlichen Zustand bei uns, es wäre doch nicht unmöglich, dass der pharisäische Hochmuth, den wir heute gegenüber den Berichten aus englischen und belgischen Fabrik- und Ackerbaudistricten zeigen, einem erschreckten Sünderbewusstsein wiche.

Diesen Mangel einer Feststellung der realen Verhältnisse, welche, was nicht genug betont werden kann, der naturgemässe Ausgangspunct für ein erfolgreiches Eingreifen sein muss, empfindet schmerzlichst Jeder, der sich tiefer mit dieser Frage beschäftigt und nach den Mitteln und Wegen der Abhilfe forscht. Dieser Mangel erklärt, weshalb wir bei uns bisher nur Lösungen im Kleinen und Einzelnen haben, er erklärt auch das thatsächliche Verhalten der Gesellschaft und der Staatsregierungen.

Für ein Volk, das sich energisch dieser Culturfrage hingeben will, ist diese Klarlegung absolut nothwendig. Wir in Deutschland müssen deshalb kategorisch an den Staat die Forderung stellen, dass er jenem Mangel abhelfe und diese Verhältnisse klarlege. Seine Sache und Aufgabe ist die Klarlegung. Die Feststellung hat nur Werth, wenn sie die Arbeiterkreise aller Gegenden umfasst und nur durch die Machtmittel des Staats kann sie mit Sicherheit bewirkt werden.

Diese Forderung ist die Forderung einer Staatshilfe in der socialen Frage, aber einer Staatshilfe, die keineswegs socialistischer Art ist. Diese Staatshilfe folgt

1. als absolute Staatspflicht schon aus der Staatsidee. In einem geordneten Staatswesen muss die Staatsverwaltung den wirklichen Zustand aller Verhältnisse, die ein öffentliches Interesse haben, kennen. Dies ist hier der Fall. Eine ordentliche, ihre Aufgabe wirklich erfüllende Staatsverwaltung muss über die thatsächliche Lohnhöhe, über die Arbeitszeit, die

Arbeitsart, die Wohnungs-, geselligen und moralischen Verhältnisse, über das Familienleben der Lohnarbeiter, kurz über Alles, was für die wirthschaftliche und sociale Lage dieser Classen charakteristisch ist, Rechenschaft geben können. Mit grossem Aufwand von Zeit, Mühe und Kosten veranstalten wir Volkszählungen, stellen wir Geburten, Sterbefälle, Einwanderung und Auswanderung fest; die Feststellung der Arbeiterverhältnisse aber, obwohl mindestens von gleicher Bedeutung wie die Volkszählungen, ist ein völlig unbearbeitetes Gebiet der administrativen Statistik. Die Bearbeitung desselben gehört aber nicht bloss zum Wesen jeder ordentlichen Staatsverwaltung, sondern ist

2. heute auch ein Gebot der Zweckmässigkeit und der Staatsklugheit.

Diese Feststellung ist heute absolut unentbehrlich für die Heilung. Erst wenn sie erfolgt, lässt sich die sichere Diagnose stellen und die Entscheidung über die zweckmässigen Heilmittel treffen. Nicht für vereinzelte Fälle, aber für die Heilung im Grossen. Erst wenn wir die volle Klarheit über die realen Verhältnisse haben, können wir die Gesellschaftshilfe im Grossen organisiren, können wir Art und Mass der weiteren Staatshilfe auf fester Grundlage discutiren. Auch für uns wird eine Arbeitergesetzgebung unvermeidlich werden, nicht minder die Regelung mancher Arbeiterverhältnisse durch internationale Staatsverhandlungen. Eins wie das Andere ist unmöglich, so lange jene Feststellung nicht geschehen ist. Ohne sie treiben wir ohne Compass und Steuer in das sehr gefährliche Fahrwasser der Staatsintervention.

Diese Festtellung ist auch wünschenswerth und geboten, um den Kampf, der auf diesem Gebiete heute geführt wird, zu schlichten oder doch zu mildern. Dieser ist ein so erbitterter und unversöhnlicher, weil über die ihn hervorrufenden thatsächlichen Verhältnisse sich keine unparteische und gesunde öffentliche Meinung, die ihre Macht entscheidend in die Wagschale werfen könnte, bilden kann. Durch jene Feststellung zwingen wir die Kämpfenden auf den Boden der realen Verhältnisse und wird die sociale Frage zu einem mit Erfolg discutirbaren Object; durch sie legen wir der heute in der Behandlung des Problems frei schweifenden Phantasie den festen Zügel an und beseitigen wir die unkritische, unexacte Behandlungsart. Sie wird uns zeigen wie es in Wirklichkeit mit dem Optimismus des Manchesterthums und mit dem Pessimismus des Socialismus bestellt ist. Erst an der Hand der genau und sicher constatirten realen Verhältnisse lässt sich wirksam den beiden gleich verderblichen Richtungen entgegentreten. Erst auf dieser Basis kann sich eine richtige öffentliche Meinung über Recht und Unrecht der Bestrebungen der Lohnarbeiter und der Unternehmer im Allgemeinen wie im einzelnen concreten Falle bilden.

Kann Alles dies nicht bestritten werden, ist diese Feststellung eine wichtige und nothwendige Aufgabe der Staatsverwaltung — so sehen wir eine neue Aufgabe des deutschen Reichs vor uns. Diese Feststellung kann in Deutschland nur von der Reichsverwaltung erfolgen. Deren Pflicht ist sie, nicht der einzelnen Staaten. Wir haben keine badische, keine bairische, keine preussische, wir haben eine deutsche Volkswirthschaft und dem Reich ist deshalb mit Recht die volkswirthschaftliche Gesetzgebung in der Verfassung übertragen. Die Feststellung der hier in Betracht kommenden Verhältnisse muss für die deutsche Volkswirthschaft von einheitlichen gleichen Gesichtspuncten bewirkt werden; das vermag nur das Reich. Die Heilung der Uebelstände, soweit sie einer nationalen oder gar internationalen staatlichen Behandlung bedürfen, kann gleichfalls nur von der Reichsverwaltung geschehen.

Wir müssen deshalb vom Reiche kategorisch fordern, dass es erfülle, was die Staatsverwaltungen bisher nicht gethan haben, dass es dem deutschen Volke endlich sage, welches die Lage seiner Lohnarbeiter sei.

Das ist die Staatshilfe, welche zunächst das deutsche Reich in der socialen Frage zu leisten hat.

Eine weitere wird folgen müssen und wird folgen — aber einstweilen sei jede weitere verbannt. Wir müssen erst den festen Boden haben, auf dem wir die Nothwendigkeit und Zweckmässigkeit einer weiteren Staatshilfe sicher feststellen können, ohne uns auf die abschüssige und gefährliche Bahn des Experimentirens zu begeben.

Wie aber kann und soll das Reich diese Aufgabe erfüllen?

Arbeitsart, die Wohnungs-, geselligen und moralischen Verhältnisse, über das Familienleben der Lohnarbeiter, kurz über Alles, was für die wirthschaftliche und sociale Lage dieser Classen charakteristisch ist, Rechenschaft geben können. Mit grossem Aufwand von Zeit, Mühe und Kosten veranstalten wir Volkszählungen, stellen wir Geburten, Sterbefälle, Einwanderung und Auswanderung fest; die Feststellung der Arbeiterverhältnisse aber, obwohl mindestens von gleicher Bedeutung wie die Volkszählungen, ist ein völlig unbearbeitetes Gebiet der administrativen Statistik. Die Bearbeitung desselben gehört aber nicht bloss zum Wesen jeder ordentlichen Staatsverwaltung, sondern ist

2. heute auch ein Gebot der Zweckmässigkeit und der Staatsklugheit.

Diese Feststellung ist heute absolut unentbehrlich für die Heilung. Erst wenn sie erfolgt, lässt sich die sichere Diagnose stellen und die Entscheidung über die zweckmässigen Heilmittel treffen. Nicht für vereinzelte Fälle, aber für die Heilung im Grossen. Erst wenn wir die volle Klarheit über die realen Verhältnisse haben, können wir die Gesellschaftshilfe im Grossen organisiren, können wir Art und Mass der weiteren Staatshilfe auf fester Grundlage discutiren. Auch für uns wird eine Arbeitergesetzgebung unvermeidlich werden, nicht minder die Regelung mancher Arbeiterverhältnisse durch internationale Staatsverhandlungen. Eins wie das Andere ist unmöglich, so lange jene Feststellung nicht geschehen ist. Ohne sie treiben wir ohne Compass und Steuer in das sehr gefährliche Fahrwasser der Staatsintervention.

Diese Festtellung ist auch wünschenswerth und geboten, um den Kampf, der auf diesem Gebiete heute geführt wird, zu schlichten oder doch zu mildern. Dieser ist ein so erbitterter und unversöhnlicher, weil über die ihn hervorrufenden thatsächlichen Verhältnisse sich keine unparteische und gesunde öffentliche Meinung, die ihre Macht entscheidend in die Wagschale werfen könnte, bilden kann. Durch jene Feststellung zwingen wir die Kämpfenden auf den Boden der realen Verhältnisse und wird die sociale Frage zu einem mit Erfolg discutirbaren Object; durch sie legen wir der heute in der Behandlung des Problems frei schweifenden Phantasie den festen Zügel an und beseitigen einem Dirigenten (Amtmann), zwei Secretairen und den nötnigen Schreibern bestehen müsste, würden folgende sein:

1. Die genaue Feststellung aller auf die materielle und sociale Lage der Lohnarbeiter des Bezirks bezüglichen Verhältnisse; die Feststellung also des thatsächlichen Einkommens (Lohnhöhe, Lohnart, sonstiges Einkommen), der Arbeitszeit, der Arbeitsart, der Wohnungsverhältnisse, des Familienlebens, der Kinderzahl, der Kindererziehung und -beschäftigung, der Nahrungsverhältnisse, des Schulwesens, der moralischen und socialen Verhältnisse, der gemeinnützigen Einrichtungen (Sparkassen, Kranken- und Unterstützungskassen, Vereine, Genossenschaften etc.) etc. Es ist nicht möglich, auch nicht nothwendig, hier alle einzelnen Gegenstände der Feststellung aufzuführen; leitendes Princip muss sein, die Feststellung in der Weise zu machen, dass sie ein völlig sicheres Urtheil über die Lage der Arbeiter im Allgemeinen und jedes einzelnen Arbeiters ermöglicht. Die Amtspflicht erfordert für den Amtmann das Recht der eidlichen Zeugenvernehmung, der zwangsweisen Gestellung von Zeugen und Experten, des freien Eintritts in die Fabrikräume, der Theilnahme an den Vereinsversammlungen, der Einsicht in die Bücher der Kassen und Genossenschaften etc. Die Publicationen des Amts über die getroffenen Erhebungen müssen, soweit es nöthig, auch die Zustände erklären.

Da diese Erhebungen fortlaufende sein müssen, so muss

2. das Arbeitsamt alle Veränderungen dieser Verhältnisse im Laufe der Zeit beobachten, aufzeichnen und die Ursachen der Veränderungen aufklären. Das Arbeitsamt muss nicht nur in jedem Augenblick ein Gesammtbild der Arbeiterlage seines Bezirks entwerfen, sondern auch die Ursachen der Zustände, soweit sie localer Art sind, darthun können. Regelmässige Berichte der Arbeitsämter zeigen den jeweiligen Zustand und die Veränderungen seit dem letzten Bericht.

Indem das Arbeitsamt durch diese Thätigkeit den wirklichen Zustand der Arbeiterverhältnisse ergründet, giebt es

3. das sichere Material nicht nur der Reichsregierung für eine etwaige Gesetzgebung und Verwaltung, für etwaige internationale Verhandlungen, sondern ebenso der Wissenschaft und allen denen, die sich an der practischen Lösung

der Frage betheiligen wollen, dies aber heute wegen der fehlenden Kenntniss dieser Verhältnisse nicht vermögen. Wegen ihrer Sach- und Personenkenntniss werden die Arbeitsämter zugleich sehr wichtige Experten für die Wirthschaftspolitik des Staats und für die aus der freien Initiative der Interessenten hervorgehenden Reformbestrebungen.

Hätten die Arbeitsämter nur diese Functionen zu erfüllen, so würde das allein ihre Einführung rechtfertigen. Aber ihre Wirksamkeit kann und muss deshalb eine viel wichtigere und segensreichere werden. Durch ihre Errichtung können wir endlich

4. zu einer Statistik der Consumtion wenigstens der arbeitenden Classen gelangen, können wir auch eine bessere Statistik der Productions- und Absatzverhältnisse der einzelnen Unternehmungen erhalten. Was diese Statistik für die richtige Erkenntniss der Volkswirthschaft bedeutet, brauche ich hier nicht weiter hervorzuheben.

5. Eine neue Perspective eröffnet sich von einem andern Gesichtspunct.

Jeder, welcher sich mit practischen Reformen beschäftigt hat, weiss, wie schwerfällig die Initiative der grossen Masse ist, wie selten aus ihr grosse Reformbestrebungen hervorgehen, wie viel dagegen von Einzelnen, die sich mit Sachkenntniss und Energie der Durchführung einer zeitgemässen Reform hingeben, für dieselbe erreicht wird. Wer die Geschichte und Praxis der Reformen kennt, weiss ferner, von welcher Bedeutung für die Erzielung der Reform vor Allem die Organisation der Reformbestrebung ist, d. h. die Herstellung besonderer Organe, deren specifische Function die Förderung und Realisirung einer solchen Reform ist. Man muss durch eine solche Organisation die Massen aus ihrer Apathie aufrütteln und den Classen, welche die geringere Einsicht in die wirthschaftlichen Zusammenhänge und die geringere Thatkraft haben zu Hilfe kommen. Alle grossen Reformfragen sind zugleich Fragen der Organisation. Für die Reform der Arbeiterlage nun könnte die schon vorhandene Organisation der Arbeitsämter auch direct zu einem solchen wichtigen Förderungsmittel werden: wenn nämlich es den Amtmännern zur Amtspflicht gemacht würde, überall in ihrem Bezirk die Selbsthilfe zu wecken, die Initiative der bedrängten

Classen zu fördern, die Gesellschaftshilfe anzuregen. Diese Mitwirkung an der Förderung des allgemeinen Wohls sollte überall Aufgabe der eigentlichen Staatsverwaltungsbeamten sein, aber in unserm heutigen Staatswesen zeigt sich nur zu oft, dass nicht einmal das Bewusstsein dieser Pflicht bei den Beamten vorhanden ist. Bei den Arbeitsämtern liegt diese Pflicht im Grunde in der Natur des Amtes und sie wird erfüllt werden, wenn man die richtigen Personen in die Aemter sendet und das Centralamt diese weitere Wirksamkeit der Aemter bei der Auswahl der Personen und bei der Controle ihrer Thätigkeit fest im Auge behält. Gerade der Umstand, dass die Arbeitsämter über das ganze Reich verbreitet sind und ihre Mittheilungen an einer Centralstelle zusammenlaufen, die wiederum die Erfahrungen in einem Bezirk an alle übrigen vermittelt, ist für diese Art der Wirksamkeit der Arbeitsämter von unberechenbarem Vortheil. Indem das einzelne Amt in den Stand gesetzt wird, zu erfahren, was in andern Bezirken unter ähnlichen Verhältnissen mit Erfolg geschehen ist, wird die Fähigkeit aller Amtmänner, in dieser Richtung sich direct an der energischen Durchführung zweckmässiger Heilmittel zu betheiligen unendlich potenzirt. Und die ganze Organisation der Arbeitsämter mit dem Centralamt an der Spitze kann hier, ohne irgend wie in die berechtigte Freiheitssphäre des Einzelnen einzugreifen, das Organ werden, welches die Selbsthilfe und Gesellschaftshilfe zu der Energie emporschwingt, die wir für eine durchgreifende Besserung der Arbeiterverhältnisse brauchen und die bei der heutigen Isolirung der Reformbestrebungen, bei der mangelhaften Kenntniss der realen Verhältnisse, bei der ungenügenden Verbreitung der gemachten Erfahrungen, wir nie erreichen können.

Eine weitere selbstverständliche Aufgabe der Arbeitsämter wird es sein.

6. wenn das Reich zu einer Arbeitsgesetzgebung kommt, die Ausführung dieser Gesetze, ebenso wie das die englischen Fabrikinspectoren thun, zu überwachen.

Das sind die wesentlichen Functionen, für die mir die Arbeitsämter als ein nothwendiges und zweckmässiges Organ erscheinen. Haben wir sie eingeführt, so werden im Laufe der

Zeit wohl noch weitere Functionen von denselben versehen werden können; eine weitere naturgemässe Entwickelung lässt sich mit ziemlicher Sicherheit vorhersagen.

Die Einrichtung gewerblicher Schiedsgerichte nach Art der Mundella'schen Arbeitskammern in England erkennen wir heute allgemein als eine Nothwendigkeit. Der Versuch der Gewerbeordnung des Norddeutschem Bundes, die Bildung derselben der Initiative der Gemeinden zu überlassen, scheint nach den bisherigen Erfahrungen nicht zu dem gewünschten Ziel zu führen. Auch dürfte, wenn die Urtheile dieser Gerichte executivische Rechtskraft haben sollen, der Vorsitz einem Präsidenten übertragen werden müssen, der im Namen des Staats das Urtheil spricht und ausführt, also Staatsbeamter ist.

Durch die Institution der Arbeitsämter werden Gerichte dieser Art sich leichter einbürgern. Der Amtmann muss, wenn er sein Amt richtig verwaltet, der Vertrauensmann der Arbeitgeber und Arbeitnehmer werden. Um aber seine Functionen in erspriesslicher Weise auszuüben, muss er sich mit einer Art Beirath umgeben, den er natürlich aus den Arbeiter- und Unternehmerkreisen auswählen und für den er solche Personen sich nehmen wird, welche nicht bloss sachkundig und von dem besten Streben beseelt sind, sondern zugleich das volle Vertrauen der Arbeiter und Unternehmer geniessen. Erfüllt der Amtmann seinen Beruf, so ist er bei ausbrechenden Streitigkeiten der Arbeiter und Unternehmer der gegebene Vermittler. Sucht man ihn nicht auf, so wird er aus eigner Initiative das Mittleramt übernehmen und gestützt auf seinen Beirath versuchen, den Ausgleich der Streitenden herbeizuführen. Erscheint dies die natürliche Entwickelung, so ist von hier aus zu der Einrichtung gewerblicher Schiedsgerichte mit dem Amtmann als Präsidenten und Vertreter des Staats nur noch ein kleiner und leichter Schritt. Wartet man nach der Einführung der Arbeitsämter, bis der Amtmann durch seine Thätigkeit der Mann des allgemeinen Vertrauens geworden ist, dann kann man auch, ohne auf Widerstand zu stossen oder ohne zu riskiren, verfehlte Institute ins Leben zu rufen, mit der Organisation von Schiedsgerichten vorgehen.

So viel über die Aufgabe und die Functionen der Arbeitsämter.

Für die Ermittelungen der Arbeitsämter muss das Princip der Publicität unbedingt sanctionirt und durchgeführt werden, in der Weise, dass dieselben periodisch in irgend welcher Form veröffentlicht werden, und zugleich Jeder, welcher seine Befugniss darthut, Auskunft vom Arbeitsamte verlangen kann.

Was die Qualification der Amtmänner angeht, so ist im Princip für Alle eine nationalökonomische Durchbildung nothwendig und eine juristische Bildung sowie eine Kenntniss der Statistik erwünscht. Für die Amtmänner in wesentlich ländlichen Bezirken wird dazu eine Kenntniss der Landwirthschaft, in wesentlich industriellen Bezirken eine Kenntniss der gewerblichen Technik erforderlich. Aber wichtiger als das Maass dieser Kenntnisse ist für das Gelingen der Organisation die Gesammtpersönlichkeit des Einzelnen. Es würde daher keineswegs geboten sein, diese Amtmänner etwa nur aus dem Richterstande und den Verwaltungsbeamten zu wählen. Bei der Bedeutung dieses Amts und bei der segensreichen Wirksamkeit, welche die Amtmänner entfalten können, wird es an einem starken Angebot der besten Kräfte auch aus Nichtbeamtenkreisen nicht fehlen.

Das Gehalt muss der Stellung entsprechen und durch seine Höhe die absolute Integrität des Beamten sichern. Von einer Betheiligung desselben an Unternehmungen irgend welcher Art dürfte keine Rede sein. Ein Gehalt von 1500—2000 Thlrn. erscheint daher angemessen.

Ueberschlägt man approximativ die Kosten, so bedeutet dieser Vorschlag die Belastung des Reichsbudgets mit einem Posten von etwas über eine Million Thaler*).

*) Nimmt man für ein Arbeitsamt an 1 Amtmann mit Durchschnittsgehalt von 1750 Thlrn., 2 Secretaire mit durchschnittlich 800 Thlrn., 2 Schreiber mit durchschnittlich 300 Thlrn., ferner Reise-, Büreaukosten, ärztliche Honorare etc. 1200 Thlr., so würde jedes Amt durchschnittlich 5150 Thlr., die Summe der 160 Aemter also 824,000 Thlr. kosten.

Ein Oberamt, bestehend aus 1 Oberamtmann mit 2500 Thlr. Gehalt, 1 Amtmann mit 1750 Thlr. Gehalt, 3 Secretairen mit je 800 Thlr. Gehalt, 4 Schreibern zu je 300 Thlr, würde incl. Reise-, Büreaukosten und Honoraren mit 2000 Thlrn. ein Budget von 9850 Thlrn. erfordern, die Summe der 20 Oberämter also 197,000 Thlr. kosten.

Das Centralamt, bestehend aus dem Generaldirector (Gehalt 4000 Thlr.),

Wenn die Klarlegung der thatsächlichen Verhältnisse für die Lösung der socialen Frage die vorher gschilderte Bedeutung hat und deshalb absolute Pflicht des Staats ist, wenn die Organisation der Arbeitsämter als das Mittel erkannt wird, jener Pflicht am besten zu genügen, so hat das Reich keine Wahl, so haben wir eine absolut unentbehrliche Ausgabe, die als solche ebenso wie die übrigen unentbehrlichen Reichsausgaben zu beurtheilen ist.

Aber auch die Höhe dieser Ausgabe dürfte im Vergleich zu dem, was die Arbeitsämter leisten können und müssen, nicht übermässig erscheinen. Ja, ich gehe noch weiter. Wenn wirklich die öffentliche Meinung und die Organe der Reichsregierung sich überzeugen, dass die Arbeitsämter die Wirksamkeit entfalten und das erreichen können, was vorhin als ihre Aufgabe und nothwendige Entwickelung hingestellt wurde; wenn es gelingt, durch sie für die erfolgreiche Arbeit zur Lösung des Problems den Boden vorzubereiten: wenn sie das Mittel werden, die Selbsthilfe, Gesellschaftshilfe und Staatshilfe überall und in der Weise eintreten zu lassen, wo und wie sie geeignet sind, die Lage der arbeitenden Classen zu bessern; wenn sie durch die völlige Klarlegung der realen Verhältnisse für die Gesellschaft und den Staat das richtige Urtheil über das, was im concreten Falle geschehen muss, herbeiführen; wenn sie eine gesunde, richtige, auf die positiven Thatsachen gestützte öffentliche Meinung über die Arbeiter-Bewegungen und -Bestrebungen ermöglichen und wenn endlich wirklich durch diese Institute die sociale Revolution vermieden, das Loos von Millionen gebessert und der Staat auf den Weg des wirklichen Culturstaats geführt werden kann — dann, scheint mir, giebt es in unserm ganzen Budget keine Ausgabe, die zweckmässiger, nothwendiger, gerechter und wirthschaftlicher wäre.

Natürlich ist jede, auch die an sich beste Organisation ein todtgebornes Product, wenn nicht die richtigen Personen sie

---

3 Räthen (Gehalt 2500 Thlr.), 6 Secretairen mit je 1000 Thlr. durchschnittlich Gehalt, 6 Schreibern zu je 400 Thlr. würde incl. Reise- und Büreaukosten mit 4000 Thlrn. 23,900 Thlr. kosten.

Rechnet man dazu einen Dispositionsfond für Bibliothek, Drucksachen etc. von 10,000 Thlrn., so ergäbe sich ein Gesamtbudget von 1,054,900 Thlrn.

in der Hand haben. Ist indess diese Sache gut, zeitgemäss und nothwendig, so werden auch die richtigen Personen sich finden.

Richtig geleitet werden die Arbeitsämter eine grosse Zukunft haben.

Mit dieser Staatshilfe werden sich die Arbeitgeber und Arbeitnehmer befreunden, welche sich in ihren Bestrebungen nicht nur durch unberechtigte egoistische Interessen leiten lassen; und nur an der Zustimmung dieser kann uns gelegen sein. Gegen diese Staatshilfe werden auch die besonnenen Anhänger des Socialismus und des Manchesterthums nichts einzuwenden haben. Mit dieser Organisation beginnen wir auch für dies wichtige Gebiet unsers öffentlichen Lebens endlich eine gesunde Realpolitik zu treiben; dass wir mit derselben den ersten Schritt auf der Bahn des staatlichen Socialismus thun, wird kein verständiger Mann zu behaupten wagen. Die volle Kenntniss der thatsächlichen Verhältnisse ist das beste Mittel uns vor dem Zuviel aber auch vor dem Zuwenig der Staatshilfe zu bewahren.

Die Staatshilfe in der Form von Arbeitsämtern — ist für heute zugleich die absolute Sistirung jeder erheblicheren Gesetzgebung und eingreifenderen Verwaltung auf dem Gebiet der socialen Frage. Es schadet wahrlich nichts, wenn wir mit weiteren Reformen warten, bis wir den festen Boden unter uns fühlen, und es ist besser wir warten, statt dass wir unwissend experimentiren. Was später geschehen soll, darüber wollen wir rathschlagen und discutiren, wenn wir erst durch die Arbeitsämter wissen, wie die realen Verhältnisse sind.

Der Vorschlag, den ich mache, ist in dieser Form neu: ich hoffe, dass man ihn nicht deshalb ungeprüft verwerfe. Denkt man ihm tiefer nach, so erscheinen die Arbeitsämter nur als die zweckmässige Anwendung englischer Verhältnisse und Erfahrungen auf die eigenthümlichen Verhältnisse Deutschlands. Wenigstens ist der Vorschlag dem Studium der englischen Entwickelung und dem Bestreben entsprungen, den Weg zu finden, auf dem wir zu einer analogen Gesetzgebung wie die englische gelangen, ohne dass unsere Arbeiterclassen erst das entsetzliche Loos durchleben, welches einem grossen Theil der englischen Arbeiter nach den officiellen Berichten in Folge der absoluten Freiheit der Production zu Theil wurde. Die Wirthschaftspolitik des Staats in der socialen Frage auf der Basis der Arbeitsämter würde gegenüber der heutigen Politik Englands nur ein neues und höheres Stadium sein, welches künftige Geschichtschreiber unserer Volkswirthschaft als einen Fortschritt bezeichnen würden, der aus dem heute bestehenden Stadium naturgemäss hervorgegangen. Vielleicht findet man meinen Vorschlag der Erwägung werth. Mir erschien und erscheint die Organisation der Arbeitsämter nicht als das Mittel, welches mit einem Zauberschlage die sociale Frage löst, aber als ein Weg, auf dem wir practisch die Lösung anbahnen und auf dem vor Allem der Staat, ohne der gefährlichen Politik des Manchesterthums oder des Socialismus zu huldigen, seine erste Pflicht gegen die vielen Millionen der Lohnarbeiter erfüllt.

Noch ein Schlusswort zur Empfehlung des Vorschlags. Eine Erwägung macht mir ihn nicht unwürdig der grossen Zeit, die für uns Deutsche angebrochen ist. Wir freuen uns heute mit Begeisterung und Stolz des endlich errungenen nationalen deutschen Staats. Wir Alle sind von dem Streben beseelt, in diesem Staate den deutschen Volksgeist zur höchsten Erscheinung zu bringen. Aber wir haben das Reich nicht erstrebt und begründet um des äussern Glanzes, um der äussern Macht willen, nicht, damit es dastehe als das mächtigste und kraftvollste unter den Reichen der Erde, sondern wir haben es erstrebt und begründet, damit jeder Einzelne, auch der Letzte des Volks im deutschen Reich zu einem höhern Culturdasein gelangen könne, als es in dem zersplitterten Staatswesen Deutschlands möglich war. Nun wohl, hier kann das Reich zeigen, dass es diese Mission erfüllen will. Durch die Organisation von Arbeitsämtern würde, wenn wir ihre naturgemässe Entwickelung erwägen, das deutsche Reich gleich in seinem Entstehen mehr für die Arbeiter thun, als irgend ein anderer Staat der Welt heute für sie thut; durch die Organisation von Arbeitsämtern würde bis in die untersten Schichten des Volks und bis in die armseligsten Hütten jedem Einzelnen zum Bewusstsein kommen, dass im neuen Reich die Gesammtheit ein mitfühlendes

Herz für sein Loos habe, dass sie seine Lage prüfe, dass sie über ihn wache und ihm helfen werde, so weit er Hilfe verdient und die Gesammtheit sie bringen kann; die Arbeitsämter würden auch dem letzten, niedrigsten Arbeiter thatsächlich verkünden, dass nicht bloss für die Glücklichen der Erde, sondern auch für ihn Kaiser und Reich erstanden sind.

Druck von Bär & Hermann in Leipzig.

In demselben Verlage erschien so eben:

REPERTORIUM
des
DEUTSCHEN REICHSTAGES.

Unter Leitung von

DR. LUDWIG BAMBERGER

Mitglied des Reichstags

bearbeitet von

DR. A. TEICHMANN.

Seitdem die deutsche Gesetzgebung in das Stromgebiet der nationalen Entwicklung hineingeleitet worden, hat der publizistische Unternehmungsgeist mit rühmlichem Eifer sich der Aufgabe gewidmet, den Bewegungen derselben in möglichst schnellem Tempo zu folgen. Alle organischen Reichsgesetze werden Dank dem Fleiss der Schriftsteller und der Verleger sofort in bündigen und in ausführlichen Zusammenstellungen dem täglichen Gebrauch hand- und mundgerecht so zu sagen in's Haus gebracht. Ist dem erstehenden Gesammtrecht durch diese Art freier Kodifikation die Möglichkeit gegeben, unter den verschiedensten Formen sich in alle Schichten der Bevölkerung einzuführen, so fehlt dieser eben erst sich entfaltenden Seite des Staatslebens noch immer eine wesentliche Voraussetzung, so lange nicht eine lebendige Anschauung von demjenigen Lebensprozesse, aus welchem jenes Recht hervorwächst, zum Gemeingut der Nation geworden ist. Der **Sinn für den Werth der Gesetze** und das **Verständniss** für dieselben kann nicht gepflegt werden ohne eine ausdauernde geistige Theilnahme an deren Entstehungsprozess, das heisst: ohne die allgemeine Gewohnheit des Aufmerkens auf die Verhandlungen der gesetzgebenden Körperschaft. Wo diese Aufmerksamkeit noch nicht zu den Sitten gehört, kann dies eben so gut aus unzulänglichen Leistungen des einen Theils wie aus unzulänglicher Empfänglichkeit des andern sich erklären, aber beide Mängel finden wechselseitig ihr natürliches Korrektiv nur in der Herstellung einer innigeren und vollkommneren Berührung zwischen beiden Theilen: **Volk und Volksvertretung.**

Wiederholt ist auf die **Mängel unserer parlamentarischen Oeffentlichkeit** hingewiesen worden, verglichen zu den Formen, welche andern grossen Nationen alltägliches Bedürfniss geworden sind. In Frankreich oder England, wo jedes ansehnliche Blatt eine ausführliche Aufzeichnung der parlamentarischen Debatten liefert, entstehen die Sammlungen der letzteren durch einfache Aufbewahrung. Nichtsdestoweniger hat sich auch dort das Bedürfniss geltend gemacht, den **Wortlaut der Erörterungen in geordneter und handlicher Buchform** zu erhalten, und die Sammlungen dieser Art fehlen in keiner den Staatsangelegenheiten gewidmeten Privatbibliothek. — Um so mehr darf angenommen werden, dass in Deutschland, wo das einfache Ansammeln der wenigsten

Tagesblätter solchen Dienst zu leisten im Stande ist, ein Unternehmen dieser Art seinen Platz finden werde. Diese Voraussetzung ist um so eher gestattet, als authentische Zeugnisse für die Entstehungsgeschichte des geltenden Rechts auf anderm Boden als auf dem parlamentarischen auch nicht gewonnen werden können. Die Verhandlungen des Bundesraths, welcher als erster Konzipient der Gesetzgebung arbeitet, sind geheim und reflektiren sich nur zu einem geringen Theil und sehr summarischer Weise in den mit den veröffentlichten Motiven. Dadurch fällt auch jene Ursprungsgeschichte weg, welche beispielsweise in den Archiven des französischen Staatsraths aus der Zeit seiner grössten legislatorischen Thätigkeit erwachsen ist und welche sowohl für die praktische Auslegung als für die historische Beobachtung des Rechts kostbares Material zurückgelassen hat. Je mehr der Einwand berechtigt gewesen sein mag, dass unsere eigenthümliche Zeitungswelt weder Geduld, noch Musse, noch Mittel für eine sorgfältige Aufzeichnung der parlamentarischen Verhandlungen übrig habe, desto deutlicher scheint es angezeigt, in einer anderen, ruhigeren und bequemeren Form die Verbindung herzustellen, ohne welche eine volle und fruchtbare Wechselwirkung zwischen Volk und Volksvertretung nicht gedacht werden kann.

Eine wesentliche Ergänzung dieser Zusammenstellung wird ein möglichst vollständiges **Wort- und Sachregister** liefern, welches am Ende eines jeden Bandes erscheinen soll. Dasselbe wird so eingerichtet sein, dass es auf jede Frage nach einer konkreten oder grundsätzlichen Lösung, die in den Debatten des Reichstages gesucht werden mag, direkte Antwort ertheile. Wer über die Besprechung einer Persönlichkeit, eines Orts, eines staatsrechtlichen Problems in der betreffenden Periode Aufklärung wünscht, muss an der Hand eines solchen Registers sofort den Weg ans Ziel finden. Den historischen, parlamentarischen, gesetzgeberischen, juristischen Studien, welche auf Schritt und Tritt das Bedürfniss nach solchen Rückgriffen erwecken, wäre damit ein höchst erheblicher Dienst geleistet.

Der I. Band, welcher die erste Session der ersten Legislaturperiode umfasst, wird in etwa 3 Lieferungen zu dem Preise von ca. 1 Thlr. pr. Lfg. ausgegeben werden, wovon die erste Lieferung bereits erschienen ist.

Die Verlagshandlung.

MIX
Papier | Fördert gute Waldnutzung
FSC® C083411

Kolibri 360 GmbH
Ferdinand-Jühlke-Straße 7
99095 Erfurt, Deutschland
produktsicherheit@kolibri360.de